너무도 사적인
우리를 잇는
버크만 안내서

너무도 사적인
우리를 잇는

버크만
안내서

별별 사람이 모여도
별 탈 없이 행복해지는 비밀

김태형 지음

크릭

글을 쓰며

저는 현재 버크만 진단을 토대로 강의와 코칭을 하고 있는 1인 기업을 운영하고 있지만 처음 커리어를 시작한 곳은 IT업체의 기술영업직이었습니다. 학교생활을 하는 동안 선배들이나 친구들로부터 "넌 영업이 체질이야"라는 이야기를 들으며 그냥 막연하게 '아~ 난 영업을 해야 하나보다' 하고 결론지었습니다. 다른 선택지를 생각해보지 않았습니다.

그러나 회사를 다니면서 영업을 하는 동안 가장 궁금했던 점은 '어떻게 하면 매출을 잘 만들어낼까?'가 아니라 '함께 일하는 사람들끼리 왜 이해하려는 노력을 하지 않을까'라는 질문이었습니다. 막내 시절부터 '사람들은 왜 나를 잘못 이해하고 있을까?'를 궁금해 하며 답을 찾고자 했습니다. 그러던 어느 날 팀장님께서 영업 지원팀과 한바탕 말싸움을 하고 돌아오셨습니다. 자리에 앉자마자 절대로 해결이 안 된다는 말이 귀에 딱 꽂히면서 혹시 이것도 사람들의 모습을 서로 오해하는데서 생기는 인식의 오류는 아닐까? 하는 생각을 잠시 해보았습니다.

그러던 와중에 회사를 그만두고 계획했던 프로젝트를 준비하는 과정에서 한 가지 궁금증이 생겼습니다. 집에서 가족과 함께 이야기를 할 때 (저의 기준으로 보자면 너무나도 당연한 논리를 이야기함에도 불구하고) 대화는 겉돌고 걸핏하면 화를 내기 일쑤였습니다. 회사에서 대화를 못한다는 말을 들은 적은 없었는데 집에서는 왜 이렇게 제대로 이야기가 안 될까? 업무적으로 이야기하는 것은 어렵게 생각하지 않았던 까닭에 상대방과 올바로 연결이 되는 대화를 잘 하지 못하는 사람이라는 것을 미처 인식하지 못했습니다.

과거에 어떤 선배가 자신을 '집에서 대화 안 되는 말 잘하는 영업 사원'이라고 표현했을 때 모순덩어리라고 생각했던 그 문장이 떠올랐습니다. 어머니께서는 항상 참을 인자 셋이면 살인도 면한다고 하였는데 이 말은 적어도 저에게만큼은 도움이 되지 않았습니다. 경험상 참을 만큼 참아서 분노가 폭발하는 건 평소의 몇 배로 더 터지는데 이는 내가 평소에 참아 와서 그렇다는 억울한 마음도 한몫했기 때문입니다.

답답함이 계속되면서 감정을 다스리고 관계를 이해하는데 도움이 되는 책들을 닥치는 대로 찾아서 읽기 시작했습니다. 어느 날 저는 서점에서 인생 책을 만나게 되었습니다. 매대에 진열이 되어 있는 것도 아니었고 제자리에 꽂아 둔 것도 아니었습니다. 누가 봤는지 전혀 상관없는 섹션에 그냥 툭 던져져 있는 핑크색 표지의 《비폭력대화》(한국NVC센터, 2017)라는 책이었습니다. 그 책 초판 머리말에는 마하트마 간디의 손자이자 비폭력간디협회의 설립자인 아룬 간디의 말이 적혀져 있었습니다.

"우리 스스로 우리가 이 세상에서 원하는 변화가 되지 않는 한 진정한 변화는 결코 일어나지 않는다. 그러나 불행하게도 우리 모두는 다른 사람이 먼저 변하기를 기다린다." 이 문구를 읽고는 한 동안 움직이지 못했습니다.

마치 대화에 대한 간절한 목마름이 저를 이 책으로 길을 열어주는 것만 같았습니다. 저는 바로 비폭력대화센터의 일정을 확인했고 고민할 것도 없이 곧바로 신청했습니다. 그렇게 2019년 6월 29일 대화와 소통에 대한 새로운 길이 시작되었습니다. 18시간의 NVC1과정이 정말 눈 깜짝할 사이에 지나가버렸습니다.

그러나 무언가 이상했습니다. 수업에서는 분명 위로도 받고 기분이 좋아지긴 했지만 생활에서 제대로 적용할 수가 없었습니다. 이제와서 생각해 보면 '이 지식을 상대방에게 곧바로 적용해서 내가 원하는 모습대로 얼른 바꿔버려야지'하는 마음이 있지 않았나 싶습니다. 삶을 살아가는데 있어서 철학으로, 혹은 가치관으로 적용해서 나의 생활이 바뀌고 내가 먼저 바뀌어야 하는데 도구를 써먹을 생각만이 가득했으니 당연히 괴로움이 사라지지 않았습니다.

이 괴로움을 해결하기 위해 심리상담도 받았습니다. 그렇게 지내던 중 상담사 선생님과 NVC트레이너 분들께서 수업을 진행하는 방식에서 한 가지 공통점을 발견했습니다. 바로 질문이었습니다. 질문의 힘이 궁금해진 저는 질문을 배울 수 있는 수업이 있다고 해서 코칭이라는 수업을 받으러 갔고, 그곳에서 저는 코치님께 버크만 진단 Birkman Method을 소개받게 되었습니다.

가슴 뛰는 첫 수업 이후 관계에 대한 해답을 찾아내고자 버크만 코리아에서 안 들어본 수업이 없을 만큼 버크만 진단에 푹 빠져서 지냈습니다. 사람을 하나의 카테고리로 정의해서 꼬리표를 붙여 설명하는 방식을 가지지 않고 개개인의 독특한 성향만을 알려 주는 방식이 너무나 좋았습니다. 버크만 진단을 배우면서 제 자신을 이해할수 있는 새로운 시선을 가지게 되었고 '나'를 올바로 알게 되니 제 자신뿐만 아니라 주변 사람들과의 관계도 비로소 이해할 수 있게 되었습니다. 비로소 저에게 업무적으로도 의미를 주었던 회사생활의 이유나 궁금증도 해소가 되었고 인간관계 측면에서도 문제가 해결되는 경험을 할 수 있었습니다.

궁금증은 나와 우리를 벗어나 팀이라는 역학관계에 대한 관심에 이르기까지 확대되었고 본격적인 배움이 시작되었습니다. 사람들에게는 모두 '욕구'가 있고 함께 그것을 찾는 노력을 통해서 건강하게 소통하는 방법을 알아가는 순간이 저를 행복하게 해준다는 것을 알게 되었습니다. '상대방이 나를 괴롭히려고 한 것이 아니라 그저 나와 다른 특성을 가진 사람이었을 뿐이다'라고 느끼고 관계를 재해석하려는 노력을 시도할 때 그 변화하는 시작점을 제가 함께 할 때의 보람은 이루 말할 수 없습니다.

이 책은 버크만 진단 결과를 토대로 가정이나 회사에서 나를 올바로 이해하는 방법과 서로 건강하게 연결할 수 있는 관계에 대해서 이야기합니다. 제가 그랬듯이 자신과 주변 사람들을 이해하는 데 도움이 될 수 있는 새로운 도구를 알아가는 즐거움을 만끽하시길 바랍니다.

또한 이 책은 바뀌고자 하는 사람들을 위한 것입니다. 변하지 않기로 선택한 사람들에게는 어떠한 도구든지 간에 아무런 소용이 없습니다. 초창기 워크숍의 필요성을 느끼지 못하는 조직에 억지로 사람을 모으고 강의를 해본 적도 있습니다. 결과는 기대만큼 좋지 않았고 이후에 다른 조직들과 비교해 보아도 강의에 참석하는 분위기와 받아들이는 온도는 확연히 달랐습니다. 자신에 대해 진정으로 궁금해하고 조직의 변화를 원하는 사람들과 버크만 진단에 대해 이야기를 시작하면 마치 처음 가보는 여행지로 떠나듯 예측할 수 없는 기대와 설렘으로 마음이 가득찹니다. 이제껏 받았던 많은 피드백들과 함께 버크만 진단에 대해 함께 나눠보고 싶습니다.

제가 영업을 할 때 거의 빼먹지 않고 했던 단 하나의 루틴은 바로 고객과의 미팅 전에 항상 화장실에 들러서 거울을 보며 스스로를 체크하기였습니다. 여러분도 지금부터 자신의 모습을 만나보는 거울을 마주한다고 생각하고 읽어나가면 좋겠습니다.

예시에 등장하는 사람들은 약간의 각색 작업을 진행했습니다. 그 사람을 평가하고자 함이 아니라 비슷한 상황에서 고민하는 사람들과 함께 관계를 이해하고자 가져온 예시이기 때문입니다. 필드에서 임상적으로 경험하고 보고 들었던 내용을 설명하는 이 순간이 너무나도 기대됩니다. 책을 읽는 사람들의 마음속에 무겁게 자리 잡고 있는 돌덩이가 조금이라도 가벼워지고 행복한 관계를 맺는 데 도움이 되었으면 좋겠습니다.

하나의 의견은 하나의 점이다.
그 점이 선이 되어 입체가 될 때까지
우리는 많은 의견을 가진다.

목차

CHAPTER 3   나와 타인을 이해하는 가이드

CHAPTER 4 **나와 타인을 이어주는 시선**

CHAPTER 5 **질문 있어요**

CHAPTER 1

팀워크를
이해하는 워밍업

대놓고 화내고
소리 지르면 통한다?

"여러분들은 처음 누군가를 만나고 그 사람을 아는 데까지 얼마나 시간이 걸리나요?", "그 안다는 것은 무엇을 보고 판단한 것인가요?" 첫눈에 딱 보면 안다는 분부터 6개월 정도 지나면, 혹은 4계절은 경험해봐야 한다는 분까지 다양한 의견이 나옵니다. 상대를 판단하는 데 걸리는 시간은 사람마다 다르겠지만 보통 한 달 정도의 시간이 걸린다고 평균을 낼 수 있었습니다.

반대로 질문하면 이야기는 달라집니다. "그럼, 상대방이 여러분들을 판단하고 이해하기까지는 얼마나 시간이 걸릴까요?"라는 질문에는 "저도 저를 잘 모르는데 어떻게 다른 사람이 저를 알 수 있을까요?"라든지 "아마 평생가도 모를 걸요."라는 대답이 많았습니다. 자신'이' 판단하는 시간과 자신'을' 판단하는 시간에는 그 간극이 매우 큼을 알 수 있습니다. 우리는 '나'라는 복잡하고도 독특한 성향을 인정받기를 바라는 마음이 있습니다. 그러나 상대방도 그만큼의 복잡성과 개성을 가지고 있음을 자연스럽게 인식하지 못하는 것은 아닌가 싶습니다.

즉각적인 판단이 나쁜 것은 아닙니다. 다만 눈으로 관찰할 수 있는 행동으로 상대를 이해했다고 판단하는 선입견은 오해를 불러일으킵니다. 오해들은 작은 균열을 만들고 균열이 결국 관계를 망가트리는 것을 많이 볼 수 있습니다. 신속하고 올바르게 내렸다고 믿는 판단이 오해의 씨앗으로 심어지는 순간 이는 필연적으로 큰 나무로 성장합니다. 굳건한 뿌리를 내리며 말입니다.

우리의 깊은 내면에는 숨겨진 마음이 있습니다. 바로 '욕구'입니다. 로저 버크만 박사에 의하면 우리는 욕구가 충족되었을 때 강점 행동을 하게 되고 욕구가 충족되지 않았을 때 스트레스 행동을 한다고 합니다. 이 말 자체는 아주 단순하지만 숨겨진 욕구를 발견해서 이해하고 돌보는 것은 쉽지 않은 일입니다. 많은 사람들은 자신에게 욕구가 있다는 사실조차 모를 뿐만 아니라 욕구를 찾는 행위를 어색해 합니다. 그렇지만 자신과 타인의 모습을 이해하고 관계에 대한 걱정거리를 덜어줄 수 있는 중요한 부분입니다.

연인이나 부부, 학교생활 또는 조직생활을 하며 만나게 되는 팀원 등 우리는 여러 가지 형태로 다양한 사람과 관계를 맺습니다. 그들과 함께 살아가는 내 모습을 들여다보면 좋을 때도 있고 괴로울 때도 있습니다. 내가 원하는 대로 상황이 흘러가면 문제될 것이 없습니다. 그러나 뜻하는 대로 되지 않아 스트레스를 받을 때 우리는 자신도 모르게 강점행동 대신 관계를 파괴하는 부적절한 행동을 하게됩니다. 상대를 이해하고 연결되고자 노력하는 것이 아니라 하지 말아야 하는 행동에 더 집착하게 됩니다. 문제를 해결하고자 하는 것이 아니라 나를 화나게 한 상대를 단죄하고 비판하는 데 온 에너지를 소모해 버립니다. 그럴 때 우리는 대화(대놓고 화내고)하고 소통(소리 지르면 통한다)합니다.

'네가 이렇게 하지만 않았어도'라는 생각으로 자신의 스트레스 행동을 정당화하면 우리가 그토록 원했던 소통은 온데간데없어져 버립니다. 엘리자베스 퀴블러 로스 박사는 《사후생》(대화문화아카데미, 2009)에서 "'당신이 만약 이렇게 한다면' 이라는 말은 우리의 삶을 엉망으로 만들어왔다."*라고 말합니다.

우리는 살면서 맺는 관계에 얼마나 많은 '만약'을 가정해왔을까요? '팀장님이 사사건건 참견을 조금만 덜 했다면', '우리 팀원들이 조금만 더 내 마음을 알아줬으면', '구성원들이 내가 하는 방식대로 일을 해줬으면'과 같이 '상대방이 이렇게만 해줬으면', '이것만 해결된다면'과 같은 마음 말입니다.

---

*   엘리자베스 퀴블러 로스, 《사후생》, 대화문화아카데미, 2009, 35p.

이러한 '만약'은 자칫 자신의 행동에는 잘못이 없다고 느끼게 하고 전체의 상황을 제대로 파악하지 못하게 만들기도 합니다. 도무지 변하지 않을 것 같은 상대방의 모습이나 환경을 바라보며 기대와 실망을 번갈아 느끼면서 지내고 있는 것이지요.

우리는 주로 내가 말을 많이 할 때 대화가 잘 된다고 합니다. 서로가 합의점을 찾기 위해 이야기를 시작하더라도 그 조율은 주로 내 생각을 관철시키려고 설득하는데 더 중점을 두고 말하기 마련입니다. 그렇지만, 관계를 맺고 있는 동안 너무나 당연해서 잊어버리고 마는 것이 있습니다. 바로 어떠한 상황에서도 대화의 주인공은 '나'와 '상대' 두 명이 있다는 것입니다.

관계에서 나의 '옳음', 정확히 말하자면 내가 옳다고 생각하는 것을 상대에게 강요하고자 할 때 갈등이 생기고 문제가 발생합니다. 왜냐하면 나에게 '옳음'이 존재하고 중요하게 여기는 것 이상으로 상대에게도 그의 '옳음'이 큰 의미이기 때문입니다.

우리가 '옳다'고 주장하면서 생기는 문제도 어떻게 보면 혼자만의 문제일 수 있습니다. 내가 문제로 삼는 부분이 과연 상대방에게도 그러한지 명확히 이야기해서 문제를 함께 인식하고 올바로 정의 내리는데서 출발해야 합니다. 우리의 생각이나 성향 자체가 문제가 아니라 문제로 인식하는 것이 문제점을 만들어 냅니다.

예를 들어, "회의에 들어오면 누구나 다 한 명씩 의견을 내고 피드백을 주는 게 맞는 거지. 그렇게 하지 않는 우리 팀은 문제가 많아." 라고 말하는 팀장과 함께 회의에 참석한 팀원들의 옳음은 다를 수 있습니다. 우리라는 관계가 복잡하게 얽혀 있는 조직에서 옳고 그름을 따지는 순간은 결국 '나와 다름'을 경험하는 순간들입니다. 내 행동과 다른 팀원, 회의에서 나의 의견에 반대하는 동료, 패턴이 전혀 다르게 업무를 하는 조직원들은 모두 틀린 걸까요? 옳다고 생각하는 나의 의견은 결국 자신이 충족하고자 하는 욕구를 해결하기 위한 수많은 수단과 방법들 중의 하나일 수 있습니다.

"그래, 다르다는 건 이제 알겠어. 그걸 알아보려면 뭘 체크해보면 되는 거야?"라고 물어보신다면 평소 행동, 욕구, 스트레스 행동과 더불어 흥미와 이슈를 해결하는 방식에 이르기까지 다양한 부분을 점검해 볼 수 있습니다.

직장 상사가 말하는 "서로 소통하자."는 알고 보니 그냥 "내 말을 들어라."와 같은 뜻이었다는 말을 들었을 때나 "나답게 살고 싶다."를 "내가 하고 싶은 대로 한다."라고 잘못 알고 있는 사람들을 보며 안타까웠습니다. 과연 그것이 사실일까요? 그 속에 숨겨진, 서로가 이해하지 못했던 또 다른 마음은 없었을까요?

행동과 그 행동을 분석하는 도구인 버크만 진단의 창시자인 로저 버크만 박사는 다음과 같이 말합니다.

"삶에 있어서의 현실은 당신의 인식이 옳든, 그르든 당신이 하는 모든 것에 영향을 준다. 자신의 관점에 대한 적합한 인식을 갖게 되면, 얼마나 복잡하고 이해하기 힘든 다른 것들이 제자리를 찾아가는지 알게 될 것이고 그 결과는 놀라울 정도이다."[*]

저는 버크만 디브리퍼debriefer[**]로써 조직과 팀의 관계개선 워크숍을 진행하면서, 조직생활 속에서 많은 사람들의 행동 뒤에 숨겨진 욕구를 제대로 이해하지 못하는 데서 일어나는 심각한 관계의 오류들을 보았습니다. 욕구를 들여다볼 수 있게 된 이후로, 과거 항상 화가 난 채로 회사를 다니면서 특히, 월요일 아침 분노에 찬 얼굴로 회의에 참석했던 과장님의 모습에 대한 이유를 미루어 짐작할 수 있게 되었습니다. 퇴사를 한 뒤 오랜만에 만난 팀장님을 보며 '회사를 다닐 때 저런 밝은 얼굴을 본 적이 있었나?' 싶은 전혀 다른 모습을 이해하게 되었습니다.

여전히 조직에서는 건강하게 이야기를 나누는 방법을 잘 모르고 있습니다. 종로에서 맞은 뺨을 한강에서 화풀이하는 사람들을 봅니다. "피곤해.", "힘들어.", "짜증나."를 외치며 왜 화가 나는지도 모른

---

[*]   The reality of life is that your perception - right or wrong - influence everything else you do. When you get a proper perspective of your perceptions, you may be surprised how many other things fall into place. (출처: https://allauthor.com/quotes/76297/)

[**] 버크만 진단결과를 설명해줄 수 있는 자격을 가진 강사, basic부터 preview까지 단계별로 구성되어 있다.

채 자신과 주변을 돌보지 못하는 사람들도 많습니다. 소리 지르면 통하고 대놓고 화내면 처음에는 빠르게 결과가 나오기도 할 것입니다. 그러나 분명 관계는 눈에 보이지 않게 한 걸음씩 뒤로 물러나고 있으며 그 거리는 점점 멀어지게 되고 나중에는 아무리 크게 소리를 쳐도 소용이 없으며 영원히 침묵하게 됩니다.

디브리핑의 결과를 함께 토론하며 나와 타인의 욕구를 이해한다고 해서 싸움이 완전히 사라지거나 분노가 없어지는 것은 아닙니다. 그러나 자신과 상대방을 이해하는 힘을 만들어 줍니다. 갈등을 겪으면서 생기는 격렬한 싸움이 끝났을 때 그냥 버티고 있기보다는 관계 개선의 실마리를 찾아갈 수 있습니다. 불만이 없는 것은 아니지만 우리의 불완전성을 이해하고 갈등이 생길 수 있는 원인을 알아내서 회복 탄력성을 키워줍니다. 스트레스 행동에 집중하는 것이 아니라 평소의 강점행동으로 돌아올 수 있도록 개인의 힘은 물론이고 조직차원에서 지켜봐 주고 응원해주고 격려해주는 품위가 생길 수 있습니다.

혼자 살아갈 수 없기 때문에 관계는 더더욱 우리들에게 중요한 문제이고 건강한 방식으로 풀어나가야 합니다. 관계를 올바르게 바라보는 관점은 우리가 안전하게 연결되기 위해 나아갈 수 있는 징검다리가 되어 줄뿐만 아니라 구성원들을 이해하고 배려하는 문화로 변화시켜줄 것입니다.

관계는 평범함을 가장한
복잡미묘한 조합의 연속과 선택,
그 책임과 결과이다.

2

'평소 행동'으로
사람을 판단할 수 있을까?

    요즘은 생활의 패턴이 너무나 다양해졌습니다. 회사를 다니면서 N잡을 실현하고 있는 사람들도 많지요. 여러 집단에 속하는 과정에서 자신의 모습을 어떻게 규정 짓고 있으신가요? 집단이나 모임에 소속되어 있을 때마다 자신의 모습이 전혀 다르다고 느끼지는 않나요?

    사람들과 교류를 하며 자신을 표현하는 여러 가지 방식들 가운데 가장 바람직하고 긍정적이며 편안하고 자연스러운 상태를 보이는 것을 평소 행동이라고 말합니다. 말하자면, 나의 가장 효율적인 행동 방식이고 겉으로 드러나기 때문에 관찰하기가 쉽고 사람들의 평가를 내리는 기준이 되기도 합니다. 상대를 판단하는 데 있어 가장 확실하다고 믿는 근거가 되는 요소입니다.

버크만 진단에서는 다이아몬드로 표시를 합니다. 빛을 받아 눈을 뜰 수 없을 정도로 반짝거리고 있는 투명한 다이아몬드는 우리의 빛나는 강점을 표현하고 있습니다.

평소 행동은 흔히 사회화된 행동이라고 불리며, 내가 선택할 수 있는 최선의 행동들입니다. 자신이 생각하기에 가장 생산적인 방식이고 타인들도 긍정적으로 받아들일 가능성이 가장 높은 모습입니다. 그래서 나의 긍정적이고 주도적인 모습들 즉, 강점행동이라고도 표현합니다.

생의 어느 시기에 받았던 칭찬이나 자라는 동안 들었던 양육의 메시지, 하거나 하지 말라는 이야기들, 학교에서 친구나 선생님들과의 여러 경험들, 시대를 관통한 사회경제적 상황들을 자신 나름대로 이해하고 체화해 사회화된 생산적인 행동을 말합니다.

이렇게 밖으로 표현되어지는 평소 행동을 외향형, 내향형으로 쉽게 설명하기도 합니다. '외향형은 조용하고 내향형은 활발하다'고 말할 수도 있는데, 이 둘을 구분하여 한 사람의 특성으로 점찍기는 곤란합니다. 여러 상황을 쪼개서 살펴보면 다른 사람들이 눈치 채지 못할 뿐 우리에게는 외향성과 내향성이 모두 분포되어 있기 때문입니다. 또 동일한 사람이라고 하더라도 일부 영역에서는 전형적인 외향성이 나타나기도 하지만 또 다른 영역에서는 내향성의 특성을 보여주기도 합니다. 반대의 경우도 마찬가지입니다.

평소 행동은 다른 말로 표현하자면 잠재적인 강점이라고도 할 수 있습니다. 자신과 비슷한 행동을 하는 집단에서는 서로가 강점으로 인정하는 반면 다른 특정 집단에서는 불편함을 불러올 수도 있기 때문입니다. 예를 들어, 추진력과 실행력을 강점으로 가진 사람이라면 비슷한 성향의 사람들에게는 분명 화끈하고 행동지향적으로 보여 마음에 들겠지만, 그렇지 않은 사람들에게는 성급하고 충동적이며 무모하게 보일 수 있습니다. 사람들과 함께 소통하고 관계의 유연성을 가진 사람들은 비슷한 성향의 사람들에게 인간성이 좋다고 평가받을지 몰라도 반대 성향의 사람들에게는 생각 없이 말하고 경쟁심이 많거나 끝맺음을 못한다고 보일 수 있습니다.

철저한 계획을 세우고 룰과 데이터를 중요시 여기는 강점은 어떨까요? 비슷한 성향의 사람들은 꼼꼼하고 성실한 점이 마음에 들겠지만 그렇지 않은 사람들에게는 꽉 막히고 깐깐하고 일머리가 없어 보일 수도 있을 것입니다. 통찰력이 있고 배려를 잘하는 사람들은 새로운 아이디어를 내고 사려 깊은 강점을 좋아할 수 있지만 속을 모르겠고 답답하며 현실성이 부족해 보일 수도 있습니다.

나의 긍정적인 모습이 누구에게나 강점으로 보이지는 않습니다. 동전의 양면과도 같지요. 평소 행동에 대한 이러한 이야기를 듣고 나서 "나의 억울함을 풀어줘서 너무 고맙다."는 말을 많이 듣습니다. 나의 강점이 틀렸다고 지적하는 시선 때문에 어떨 때는 자신들의 진정성이 부정당했다고 느낀다고도 합니다.

어떤가요? 타인이 강점으로 사용하고 있었던 것들을 나와 다른 행동이라고 해서 부정적으로 보고 있지는 않았는지요. "Sunshine all the time makes a desert."라고 하는 문장처럼 우리에게 따뜻함과 비옥함을 만들어 주는 햇빛만이 옳다고 강요하고 고집하며 물을 말라버리게 하지는 않았는지요.

한번은 팀 워크숍 형태로 디브리핑*을 할 때였습니다. 대표님께서 강점을 설명하고 그 점에 대해 직원들이 칭찬과 감사를 이야기하는 시간을 가진 적이 있습니다. 그런데, 장점을 이야기하고는 곧바로 조언이나 평가가 들어가기 시작했습니다. "대표님은 여기 나온 내용처럼 정확하고 규칙적이며 시스템을 잘 활용해 일을 하십니다. 하지만 너무 규칙적이라 한번 정한 것은 좀처럼 바뀌는 일이 없어 융통성이 없는 부분에 대해 답답해하는 직원들이 많습니다."와 같이 말입니다.

물론, 좋은 의도를 가지고 좀 더 발전하길 바라는 마음이었다고 하지만 우리는 칭찬이나 감사를 잘할 줄 모를 뿐만 아니라 자신을 자랑하거나 강점을 이야기하는 데도 너무 겸손합니다. 개인이 가지고 있는 강점은 오랜 시간동안 자신을 이끌어오며 성장시킬 수 있었던 소중한 자원입니다. 뻔뻔할 정도로 자기 강점을 이야기할 수도 있어야 합니다.

---

* 버크만 진단결과를 해석하는 시간을 말한다. 사전보고를 뜻하는 브리핑과는 달리 사후보고를 의미하며 일방적인 발표가 아니라 쌍방향의 소통형태로 진행한다.

평소 행동이나 스트레스 행동은 관찰이 가능하고 겉으로 드러납니다. 그래서 진단 결과에도 수긍과 인정하기가 흥미나 욕구에 비해 수월하다고 합니다. 반면 "여기 적혀 있는 평소 행동에는 제가 아직 한번도 해보지 못했던 행동들도 있고 낯선 부분들도 있어요."라고 말하는 분들은 사회경험이 많지 않은 경우가 많았습니다. 강점을 발휘하기에 충분한 환경을 아직까지 경험해보지 못했기 때문입니다. 시간이 지나면서 능력을 발휘할 수 있는 지위나 상황에 놓이게 된다면 해당 내용의 강점을 십분 발휘할 수도 있습니다.

한편 자신의 강점을 알고 있지만 조직에서 인정받지 못해 제대로 발휘할 수 없는 경우도 있습니다. 이는 '하이어라키hierarchy 조직**'의 하부에 속할수록 두드러집니다. 이런 조직에서는 지시받은 대로 수행하고 행동하지만 불합리하다고 느낄 수 있습니다. 커플이나 부부 간, 친구나 동료들과의 관계에서도 상대가 나의 방식을 인정해 주지 않을 때도 마찬가지일 것입니다.

그럴 때 자신의 강점을 잘 파악하고 있는 사람일수록 내가 원하지 않는 방식임을 감안하고 잠깐 시간을 내서 '나 아닌 나'가 되는 스위치를 누른다고 생각한다는 분도 계셨습니다. 실제로 많은 분들이 멀티페르소나를 공공연히 인정하고 있었습니다.

---

* 계층구조, 조직이나 개인에 있어서 서열이 정돈되어 있는 피라미드 형태의 체계.

상대를 파악했다, 사람을 이해했다고 말할 때 우리는 주로 그 사람의 평소 행동을 기준으로 하는 경우가 많습니다. 하지만 외면의 모습으로 상대방을 평가하고 판단하는 그 순간이 눈에 보이지 않는 내면의 치열한 노력까지 반영하는 것은 아닙니다.

사람들의 생김새가 모두 제각각의 개성이 있고 개별적으로 판단할 수 있는 독특함이 있듯 숨겨져 있는 욕구 또한 사람들마다 매우 다를 수 있습니다. 평소 행동은 눈에 보이지 않는 요소들이 작용해 나타나는 것이고 이를 파악하지 못하면 관계에서의 오해가 지속적으로 생기게 됩니다. 상대방과 진정으로 연결되기 위해서는 사람들의 보다 깊은 내면의 욕구에 초점을 맞추고 열린 마음을 갖는 관심이 필요합니다.

우리는 강점을 이해하고 인정할 수 있어야 하지만
우리의 행동을 결정짓는 요인은 따로 있다.

3

내면의 욕구를 관찰해야
관계가 보인다

욕구는 평소 행동으로는 절대로 알 수 없고 무엇을 원하는지 평소에 생각해보지 않았던 단어이기도 합니다. 하지만 나이, 문화, 이념을 넘어서는 아주 자연스러운 것이며 우리가 목표달성이나 관계 형성을 위해 필수적입니다. 가장 바뀌지 않는 요소이기도 하고 우리의 행동을 결정짓는 가장 중요한 인자이기도 합니다.

버크만 진단에서는 동그라미로 표시합니다. 한없이 커진 원, 그 아주 깊은 내면에서 자신이 필요로 하는 것을 떠올려 보면 어떨까요? 관계를 위해, 직장에서의 성과를 위해, 혹은 깊이 연결되는 대화를 위해 이해가 필요한 숨겨진 인식이 바로 욕구입니다. 욕구는 조직문화를 아는 데도 큰 도움이 됩니다.

"네가 하는 걸 지켜보니 뭘 원하는지 정확히 알겠다." 이 말은 눈으로 관찰되는 평소 행동과 내가 바라는 욕구의 차이를 모르고 하는 말입니다. 욕구를 아는 것은 이제까지 나와 상대방의 관계에서 오해하고 있었던 판단에 대한 잣대와의 이별을 뜻하기도 합니다.

그런데 여러분들은 '욕구'라는 단어를 얼마나 들어봤고 어떤 생각을 해보셨나요? 아니, 욕구라는 단어를 상대에게 물어보거나 궁금해해본 경험이 있으셨나요? 시간을 들여서 진지하게 자신의 욕구를 생각해 본 적은 있으신가요? 강의를 하면서 항상 물어보긴 합니다만 대부분은 '욕구'라는 단어를 사용해 보거나 생각해 본적이 없다고들 대답합니다.

무엇인가를 요구하는 것이 옳지 않다고 생각해서 그런지 우리는 욕구를 이야기하기가 어려운 분위기에서 살아왔습니다. 내가 바라는 것을 자유롭게 이야기하는 편안한 분위기를 경험하지 못했기 때문에 자신의 욕구를 궁금해 하지 못했습니다. 스스로를 채찍질하며 내가 바라는 것을 모른 척 하며 배제해야만 한다고 배우지는 않았는지요? 속으로 삭이고 말하지 않는 자세를 가정교육을 잘 받았다고 착각했을 수도 있습니다. 만약 자신의 욕구를 알고 있더라도 건강하고 안전한 분위기에서 자유롭게 표현하는 방법을 잘 몰랐고 또한 쉽지 않았을 것입니다.

고구마를 캐거나 캐는 과정을 옆에서 본 적 있으신가요? 끝이라 생각해도 땅 속의 줄기에는 또 다른 고구마가 달려 있습니다. 줄기는 엉켜서 이 고랑과 저 고랑의 경계 또한 불분명합니다. 욕구 또한 마찬가지입니다. 이것인가 싶다가도 저것 같기도 하고 도무지 알 수 없을 때도 있지만 자신의 깊은 욕구를 찾아내면 행동의 이유를 찾을 수 있어 안심이 됩니다. 좀 더 깊이 들어가 보면 고구마 줄기 끝에 달려있는 새로운 고구마와도 같은 정말 귀중한 더 깊은 욕구를 찾을 수도 있습니다.

버크만 진단으로 조직문화나 관계 형성에서 필요로 하는 욕구에 대한 내용들을 자세히 알 수 있지만 삶 속에서 시시각각으로 마주치는 상황에 대한 욕구가 올라오기도 합니다. 그럴 때 도움이 될 수 있는 욕구의 목록을 몇 개 소개하고 넘어가겠습니다. 이는 제가 비폭력대화를 배우면서 실습하는 동안 사람들로부터 가장 많이 들었던 욕구들이기도 합니다.

가치를 선택할 수 있는 자유, 안전, 따뜻함, 편안함, 봉사, 연결, 신뢰, 이해, 정서적 안전, 인정, 사랑, 소속감, 공동체, 자기보호, 일관성, 예측가능성, 즐거움, 기여, 진실, 존재감, 여유, 전문성, 가르침, 존중[*]

욕구를 모르면 자신을 잃어버리며 관계에서 지속적으로 소비당하는 것 같다는 생각을 하게 됩니다. 때문에 욕구를 돌보지 않으면서

---

[*] 출처: 한국비폭력대화교육원(www.krnvcedu.com)

평소 행동에만 치중해 '나'답게 산다고 착각하면 쉽게 번아웃이 생기게 됩니다.

미국의 변호사이자 베스트셀러 작가인 밥고프는 《모두를, 언제나》(코리아닷컴, 2018)를 통해 "우리는 우리가 정보를 얻는 곳에서 성장하지 않습니다. 우리는 우리가 받아들여지는 곳에서 성장합니다."라고 말했습니다. '소통을 잘하는 몇 가지 방법'과 같은 내용을 읽어본다고 해서 갑자기 소통의 전문가가 되지는 않습니다. 지식은 그저 하나의 견해일 뿐이고 서로의 욕구를 받아들이고 이해하여 자신의 삶에서 실천할 수 있어야 관계도 성장할 수 있습니다.

빛을 만들기는 어렵지만 일단 바늘구멍만한 곳을 통해서라도 빛이 비치기 시작하면 곧 어둠은 사라지고 말 듯 욕구는 관계에 대한 무명을 밝혀줄 시초가 될 수 있습니다. 무에서 유를 만드는 것은 너무나도 어렵지만 우리가 조금이라도 어떤 틈이 생겨서 무엇인가를 보게 되면 그것을 크게 넓혀서 인식하는 것은 훨씬 쉬운 일입니다.

그렇다면 왜 욕구를 찾아내고 이야기를 나눌까요? 깊이 숨겨져 있어서? 나도 잘 모르니까? 행동의 요인이 되니까? 모두 다 맞는 말입니다만, 가장 중요한 것은 나에게 꼭 필요한 환경이라는 것이 나에게만 존재하는 것이 아니라 상대방에게도 존재하고 있으며 나에게 중요한 만큼 상대방에게도 중요하다는 것을 인식하기 위함입니다. 그러니, 자신의 욕구가 가장 우선입니다. 자신의 욕구를 먼저 명확히 알아야 타인의 욕구도 알았으면 좋겠다는 궁금함이 생기게 됩니다.

　나와 너의 욕구가 존재하는 동시에 우리의 욕구, 팀의 욕구 나아가서는 조직의 욕구와 기업의 욕구도 분명 존재하고 있고 이 모든 욕구가 모두 함께 중요합니다. 대체되지 않는 강점을 가진 온전한 팀의 구성원으로써 개개인이 강점을 발휘할 수 있도록 조직 차원에서 이러한 관계에 대한 시선을 바꾸는 것은 너무나 필요한 일입니다.

　워라밸을 이야기할 때 나 자신의 욕구만 생각하고 표현하고 고집하는 경우가 있지만 중요한 것은 상대의 욕구, 팀의 욕구, 공동체의 욕구 또한 보살피고 중요하게 생각해야 합니다. 자신의 욕구는 돌보았으나 조직의 욕구는 돌보지 못하는 경우도 분명히 존재할 수 있습니다.

　나만 안전한 세상은 없습니다. 나의 안전을 바라는 욕구를 말할 때 상대방도 그 안전함을 원하고 있다는 것을 깨닫고 우리 모두의 욕구를 이해하고 보살필 수 있어야 합니다. 나만 안전하고 나의 욕구만 인정받고 보존 받기를 원한다면 타인과 조화를 이뤄가며 맞춰가는 진정한 노력을 할 수 없습니다.

　조직에서 워크숍을 하면서 팀원이 욕구에 대한 이야기를 하고 있을 때 "아~ 그러셨어요? 그게 그렇게 중요했구나. 아주 상전이네."라고 말한 팀장님이 있었습니다. 이 말은 사실일까요? 타인의 부탁을 들어주는 사람은 상대의 노예가 아니라 자신과 상대의 욕구를 건강하게 돌볼 줄 아는 주체적인 사람인 것입니다. 자신이 하고자 하는 대로만 사는 사람이야말로 상대의 노예일 수 있습니다. 상대의 기분이나 행동, 말에 의해 자신의 기분이 좌지우지되는 사람은 얼핏 보면 화를 내며 능동적인 사람과 같이 보일 수 있으나 그가 상황을 컨트롤 할 수 있는 힘이 없이 휘둘리고 있다는 것은 되돌아보면 금방 알 수 있을 것입니다.

관계에서 파워를 가졌다는 것은 내 마음대로 할 수 있는 것이 아닙니다. 어떤 결정에도 자유롭게 바라보고 자신의 욕구와 상대의 욕구를 이해해 양쪽이 모두 행복한 관계로 이끌 수 있어야 진정한 파워입니다. 팀을 지휘하고 성과를 내고자 하는 리더라면 그를 최고의 상태로 만들어주는 것이 훨씬 더 낫지 않습니까?

많은 팀이나 그룹에서 보면 이 욕구를 건강하게 잘 이야기하고 서로 이해해주는 환경이 잘 되어 있을수록 그 조직은 활발한 분위기에서 성과도 잘 나는 것을 많이 보았습니다. 투명한 호기심으로 상대를 바라볼 때 나와 상대는 건강하게 연결될 수 있습니다.

욕구를 이야기하고 들어줄 수 있는 관계는
서로의 취약함을 기꺼이 받아들일 수 있다.

스트레스와
스트레스 행동은 다르다

여러분들은 스트레스를 받으면 주로 어떤 행동을 보이나요? 참을성이 없어지고 다른 사람의 감정을 무시하며 바쁘기 위해서 바쁜 행동을 한다든지, 주의가 산만해지고 자기 방어적으로 변하고 지배하려는 행동을 하는 경우도 있을 것입니다. 아니면, 지나치게 규칙을 강조하고 필요한 변화마저도 거부하는 행동을 하거나, 우유부단해지고 소극적이며 땅속 깊이 꺼지듯 위축되어 아무것도 하지 못하는 행동이 나올 수도 있을 것입니다. 이 모든 내용들이 한 개, 혹은 두개 이상 복합적으로 나기도 할 것입니다.

스트레스 행동은 네모로 표시를 합니다. 앞서 설명한 욕구를 떠올릴 때 한없이 커진 원을 상상했다면 그 욕구가 원만하게 충족되지 않아 각이 생긴 네모로 바뀐 모양을 떠올려 보면 스트레스 행동의 의미가 와 닿지 않나 싶습니다. 동그라미와 다르게 제대로 굴러가지 못하는 모습과 같이 스트레스 행동은 앞으로 나가지 못하고 있는 관계를 만들게 됩니다. 해서는 안 되는 행동에 집중하는 상태이기도 합니다.

충족되지 못한 욕구는 좌절감을 주며 이러한 상황과 맞물려 나타나는 부정적 행동이 다른 사람들의 눈에는 비효과적이고 부정적으로 보이게 됩니다. 그러나 스트레스 그 자체는 긍정적인 신호로 받아들이고 이를 자신의 성장을 위한 원동력으로 사용하는 경우도 많습니다. 캘리맥고니걸은 그의 저서 《스트레스의 힘》(21세기북스, 2020)에서 '스트레스의 역설'을 말합니다. 고도의 스트레스는 고통과 행복 모두와 관계가 있고 행복한 삶이란 스트레스가 없는 삶도 아니며 스트레스 없는 인생이 행복을 보장해조지도 않는다고 말입니다.

인생에서 중요한 '개인적 성장'을 이룬 시기, 즉 긍정적인 변화나 새로운 목표 정립으로 이어진 전환점에는 어김없이 스트레스가 많았고 결국 성장을 일궈내는 것은 '어려운 시기'라는 것에는 전적으로 동의합니다. 다만 버크만 진단에서는 '스트레스 행동'을 외부에 부정적인 신호를 주는 비효과적인 태도로 봅니다.

그 차이는 스트레스와 스트레스 행동이라는 차이에서 옵니다. 스트레스 행동은 자신이 굳건한 마음을 먹고 '내가 이러이러하게 행동을 해야지!'하면서 의식적으로 하는 행동이 아니라 자동 반사적인 작용입니다. 그 행동이 끝나고 난 이후에 후회하거나 미안함과 죄책감을 느끼고 자신을 파괴해 관계를 회복하는데도 어려움이 생기기 마련입니다.

'나의 분노에는 반드시 이유가 있을 것이다. 미안하지만 난 그걸 모르겠다. 그저 상대방이 잘못한 것 밖에는 다른 이유는 없다.'라고 생각한 적 있으십니까? 화가 날수록 상대가 아니라 자신을, 정확히 말하자면 욕구를 들여다봐야합니다. 욕구를 모르면 자신을 돌보지 못하고 분노를 더욱 증폭시켜 스트레스 행동을 지속적으로 하게 되고 끝내 바깥에서 이유를 찾게 됩니다. "저 녀석 때문에 이번 여행은 망쳤어.", "네가 이것만 해줬다면 이번 프로젝트는 성공할 수 있었는데."라는 식으로 말입니다.

주변에서도 스트레스 행동을 보인 후 그 사람에 대한 인식이 많이 달라지는 것을 알 수 있습니다. 또한 잔상이 아주 오래 남기 때문에 좋지 않은 피드백이나 평가를 하게 되는 경우도 많습니다. 당연히 리더십이나 상호평가나 평판 관리에서 부정적인 시그널을 수집하게 되어 자신의 원래 모습을 회복하기가 어려울 수도 있습니다. 이것이 버크만 박사가 발견하게 된 스트레스 행동의 나비효과입니다.

그러면서도 정작 자기 행동이 부정적인 피드백을 쌓고 있다는 사실조차 모르는 경우가 많습니다. 버크만 박사는 조직에서 관계를 맺거나 업무를 하면서 계속해서 지속적으로 스트레스 행동을 반복해서 하는 사람들이 존재한다는 것을 알게 되었습니다. 그래서 예민하고 짜증이 많은 사람이라고 생각했는데 퇴사를 하거나 다른 환경에서 만나보면 그렇지 않은 사람들이 생기곤 합니다. 이들은 스트레스 행동을 하고 있는 그 상황에서는 자신이 팀이나 개인적인 관계를 손상시키고 있음을 전혀 인지하지 못하고 있는 경우가 많습니다. 불행하게도 스트레스 행동에 고통 받는 상태가 되면 주변의 친구나 가족, 동료들 또한 그의 영향을 받게 됩니다.

'나답다'라는 말에 속아서 평소 행동이 자신인 것처럼 착각하고 잠시 변화를 줄 수는 있어도 결국 우리의 욕구가 해결되지 않으면 곧바로 스트레스 행동으로 가버립니다.

그렇다면, 앞서 예를 들었던 스트레스 행동의 양상을 바꿀 수 있을까요? 결론적으로는 드러나는 형태 자체를 바꾸기는 어렵습니다. 왜냐하면 스트레스 행동이라는 것은 욕구에 기반해 나타나기 때문입니다. 욕구가 바뀌지 않는 이상 내가 잠시 행동을 바꾼다고 하더라도 다시 같은 양상으로 나타나게 됩니다.

롤로메이는 "성숙한 사람은 감정의 여러 가지 미묘한 차이를 마치 교향곡의 다양한 음처럼, 강하고 정열적인 것부터 민감한 느낌까지 모두 구별할 능력이 있다. 그러나 대부분의 사람들은 기상나팔 정도로 밖에 자신의 느낌을 표현하지 못한다."라고 했습니다. 기상나팔에서 나오는 소리를 들어본 적이 없어도 우리가 어떤 느낌인지는 알 수 있습니다. 기상나팔의 기능은 깨우기 위함이니 조화로움이나 아름다움이 없고 그냥 시끄럽기만 할 테지요.

우리에게 필요한 목표는 스트레스 행동을 바꾼다, 없앤다가 아니라 행동의 원인을 들여다보고 조절에 초점을 맞추는 것입니다. 한 번 잘 지내는 것이 목표가 아니라 지속적으로 잘 지낼 수 있어야 합니다. 행동을 고치려고 노력하는 것이 아니라 스트레스 행동을 하게 된 상황을 돌이켜 보고 자신에게 충족되지 않은 욕구가 무엇이었는지 확인해보아야 결국에는 스트레스 행동을 조절할 수 있습니다.

스트레스 행동은 SOS신호입니다. 자신의 욕구가 충족되지 않고 있음을 알려주는 아주 귀중한 신호이며 자연스럽고 조절할 수 있는 것으로 바라보겠다고 선택할 때 훨씬 더 건강해지고 그전과는 다른 방식으로 자신과 타인을 이해할 수 있습니다. 또한 관계 측면에서도 우리는 연결이라는 더 큰 목표를 잃어버리지 않아야 합니다.

스트레스 행동의 파급효과는
자신이 가고자 원하는 그 곳으로 데리고 갈 수 없다.

팀워크를 이해하는 데
11가지나 점검해 보라고?

이제까지 이야기를 한 줄로 설명하자면 다음과 같습니다. '욕구가 충족되면 우리는 강점행동을 하게 되고 욕구가 충족되지 않으면 스트레스 행동을 하게 된다.' 그래서 자신이 스스로의 욕구나 타인의 욕구를 아는가, 모르는가에 따라서 관계를 이해하는 폭은 아주 달라집니다. 이제부터는 이 간단한 내용이 관계에서 어떻게 펼쳐지는지 이해하는 데 도움이 되는 11개의 가이드를 소개하도록 하겠습니다.

아래 질문을 읽어보면서 팀이나 관계에서 자신이나 타인의 평소 행동을 한번 떠올려 보세요. 떠올린 자신의 평소 행동이 얼마나 강력하게 혹은, 드러나지 않게 나타나고 있는지 그 강한 정도를 1점부터 99점까지 체크해 보세요. 물론, 해당 컴포넌트에서의 상대방의 세기도 말입니다.

- 그 관계 속에서 이야기하는 방식은 어떠한가? (존중+수용+공감)
- 자신의 생각을 이야기하고 활동하는 방식은 어떠한가? (사고+활동)
- 권한위임이나 관리의 방식은 어떠한가? (체계+권위)
- 일하는 방식과 경쟁에 관한 시선은 어떠한가? (자유+변화+ 이익)
- 자신을 보는 시각은 어떠한가? (도전)

여기서의 점수는 등수를 정하거나 줄 세우기를 하려고 매기는 것이 아닙니다. 직관적으로 각 컴포넌트의 경향성을 말해줄 뿐입니다. 관계에서 벌어지는 여러 가지 상황을 11가지 컴포넌트로 나눠서 자신조차도 오해하고 있는 나의 모습을 점검해보고 이해할 수 없는 타인의 모습들 또한 알아가 보겠습니다. 지금부터 버크만 진단 가운데 가장 파워풀한 프리뷰의 핵심 내용이자 관계의 MRI라고 할 수 있는 11가지의 관계 특성을 소개합니다.

버크만 진단 결과지에는 점수가 표기됩니다. 25점 이하는 낮은 점수의 성향이 강한 것을 나타내고 75점 이상은 높은 점수의 성향이 강한 것을 나타냅니다. 40점~60점 사이의 점수는 양쪽 성향을 다 가진다고 보고 있습니다.

점수가 높거나 낮다고 해서 좋거나 나쁜 점수라는 평가는 존재하지 않습니다. 어느 점수에 위치하고 있든 자신이 발휘할 수 있는 강점이 있기 때문입니다. 사람마다 이러한 차이가 존재하고 그 차이점을 알아보려고 노력해 서로를 인정하고 이해하는 시선을 가지는 것

평소 행동 ▮				필요 ▮ 스트레스 행동 ▮	
99 50 1		구성요소		1 50 99	
4	도전	성공 지향 vs 성취 지향	4	
3	존중	이슈 vs 사람	62	
98	수용	개인 vs 집단	4	
42	체계	융통성 vs 구조화	29	
91	권위	제안 vs 지시	81	
62	이익	이상주의 vs 현실주의	99	
86	활동	정신적 에너지 vs 신체적 에너지	2	
88	공감	논리 vs 감정	98	
34	변화	집중 vs 다양	52	
70	자유	관습적 vs 독립적	99	
32	사고	단호한 결정 vs 철저한 검토	98	

이 가장 중요합니다. 상황에 따라 개인의 모습은 강점이나 약점으로 평가될 뿐이고 우리가 현재 처한 상황에서 자신의 모습을 조절하는 센스가 필요할 뿐입니다.

어떤가요? 11개의 컴포넌트가 뭔지는 잘 모르겠지만 이 그래프들에서 왼쪽과 오른쪽 값을 비교해보면 눈에 띄는 차이 하나를 발견할 수 있지 않나요? 바로 평소 행동과 욕구의 점수 차이 말입니다. 이는 내가 평소에 타인으로부터 원하는 방식대로 내가 타인에게 행동하지 않는다는 것을 시사합니다.

욕구와 평소 행동의 차이가 클수록 자신도 뚜렷하게 설명할 수 없는 찝찝함이 많은 상태가 될 가능성이 높습니다. 욕구와 스트레스 행동의 차이가 많다면 자신이 원하는 방식이 아닌 전혀 상반된 방식의 메시지를 상대방에게 주고 있었을 가능성도 높습니다.

때때로 평소 행동과 욕구의 차이가 많이 나는 사람들은 종종 "제가 이중인격자인가요?"라든지 "제가 너무 이기적으로 보이는데요."라고 우려하기도 합니다. 이제껏 우리가 사회화되어 살아가며 외부 활동을 하기 위한 가장 최적의 모습이 평소 행동이고 욕구는 돌보지 못한 나의 진짜 모습이었음을 상기시킬 필요가 있습니다. 관찰할 수 없고 드러나지 않아 보살펴지지 않은 나의 욕구에 대한 발견일 뿐이고, 자신이 원하는 상태를 알지 못하는 데서 오는 번아웃을 방지하려는 '다름'의 결과치이자 그냥 자신의 고유한 성향일 뿐입니다. 그래서 차이에 한탄하거나 부끄러워하기보다는 제대로 이해하며 보듬어 안아주고 위로해줘야 합니다.

많은 직장인들이 '우리의 소원은 토일'이라고 외치며 주말과 연휴를 소중하게 생각합니다. 《나는 꽤 괜찮은 사람입니다》(포레스트북스, 2019)에서 브라이언 트레이시가 말하듯 '일은 저녁과 주말을 즐기기 위해서 낮 동안 치르는 벌'로 생각하는 사람이 많다고 합니다. 그 이유 가운데 사람 문제가 있다면 이제 다음의 11가지 컴포넌트를 꼼꼼히 헤집어 보시기 바랍니다. '우리 팀에는 정말 이상한 사람들만 모여 있는 것 같아. 한 번도 본 적이 없는 인간 군상들의 집합소 같아.'라는 마음이 어쩌면 놀랍게도 사라지고, 사람들이 새롭게 보일지도 모릅니다.

CHAPTER 2

팀워크를 이해하는 11가지 키워드

존중esteem으로 알 수 있는
일대일 대화 스타일

최최최최최종 버전! 말을 더듬는 게 아니거든요~

예시1

　A부서의 존 팀장은 상대방의 이야기를 섬세하게 받아들이면서 입장을 충분히 고려하고 신중한 모습을 가지고 있기도 한데다 직설적이고 솔직한 피드백을 하는 것을 무척 힘들게 여기기도 한다. 작년에 회사를 그만둔 박 과장과는 사석에서도 자주 만나기도 하고 업무 때문에 지속적으로 연락을 하며 지내다가 이번 프로젝트를 끝내고 만난 식사자리에서 말다툼을 하고 말았다. 박 과장은 음식 맛을 표현하며 " 팀장님 같은 맛인데요?"라고 하였다. 그 말을 들은 존 팀장은 그게 무슨 말인지 물어보았고 대답은 다음과 같이 돌아왔다.

　"제가 보고서 작성해서 드릴 때 파일이름이 '보고서 완료', '보

고서 최종', '보고서 최최종', 보고서 최최종_ver.3'까지 지었잖아
요. 정말 무슨 말을 하고 싶으신 건지 몰랐거든요. 뭐라고 설명할
수 없고 이름 붙일 수 없는 그냥 그런 맛이랄까?"

예시2

B부서의 중 팀장은 올해 새로 팀장이 되었다. 어렵게 된 팀장자
리를 놓치고 싶지도 않고 이제껏 경험해왔던 팀장들보다 더 멋지
게 해내고 싶다. 그렇다고 실력이 없는 팀장도 아니어서 일도 곧잘
한다. 이제 40대 중반. 스스로 완전히 꼰대는 아니라고 생각하는
요즘의 일반적인 팀장이다.

어느 날 다른 팀의 팀원이 전화로 연락을 해서 앞뒤 잘라먹고
간결하게 업무 협업을 요청했다. 중 팀장은 열이 받아 소리를 냅다
지르고 친한 팀원을 불러 이야기를 한다. 시작은 "감히 팀장한테
이딴 식으로 전화를 해! 버릇없이?"였다.

'존중'과 '수용'은 사회지향점에 관한 시선으로써 바로 인간관계
를 하는 직접적인 모습들입니다. 그렇지만 존중의 의미가 자아 존중
이나 상호 존중의 개념과는 조금 다르며 심리학에서 말하는 자의식
과 연관되어 있습니다. 한마디로 타인과의 일대일 관계를 어떻게 하
는 것을 선호하는지에 대한 문제이며 여기에서의 타인은 그냥 지나
가다가 만나게 되는 불특정한 관계가 아니라 내가 가깝게 여기고 중
요하게 여기는 사람과의 관계를 말합니다.

"아~ 전 사람들에게 예의 바르게 대하고 관계에서도 신중하고자 얼마나 노력하는데 그에 비해서 존중의 점수가 너무 낮게 나온 것 같습니다." 코칭을 하면서 사람들로부터 많이 듣는 이야기입니다. 먼저, 존중은 'respect'가 아니라 'esteem'으로 다가가야 합니다. 내가 타인을 의식하는 정도로써, 대상에게 허락이나 찬성을 받는 문제에 대해 어떤 모습을 보이는지와 관련이 있습니다. 잠시 주변에서 가깝게 교류하고 있는 사람들을 생각해 보세요. 솔직하게 말하는 사람이 있는가 하면 돌려서 말하는 사람도 있을 것입니다.

존중의 점수가 높은 성향의 사람들은 신중하고 예의 바른 모습을 보일 수 있을 것이고 위의 예시에 나오는 팀장님과 같이 민감하고 어려운 이슈를 다루는 것을 불편하게 여기는 사람일 수도 있을 것입니다. 또한, 신중하고 예의 바르게 접근했으면 좋겠다는 생각 때문에 상대방의 입장에서 이야기하려고 하고 거절을 잘 못하는 'yes 맨'의 느낌도 있습니다. 따라서 상대로부터 꾸미지 않는 화법으로 지적을 당하거나 이슈에만 바로 집중하여 솔직하게 말하는 사람을 보면 예민해져 감정이 쉽게 상하게 되는 것이죠. 그래서 타인을 회피하는 스트레스 행동을 가지게 됩니다.

존중의 점수가 낮은 성향의 사람들은 솔직하고 꾸밈없고 거리낌 없이 이야기하는 모습을 보일 수 있고 아마, 직접적으로 말하고자 하는 이슈에 초점을 맞춰서 이야기하는 것을 불편하게 여기지 않는 사람일수도 있을 것입니다.

만약 이렇게 높은 점수의 평소 행동을 하는 팀장과 함께 근무하는 팀원의 존중 욕구가 낮다면 어떤 분위기가 될까요? 군더더기를 붙여서 말하는 것을 불편해하고 솔직한 충고나 지시를 원하고 진솔한 피드백을 원합니다. 제가 코칭을 했던 어떤 분께서는 회사의 팀장님이 업무지시를 명확히 하지 않는 것이 너무 불만이었는데 이분은 존중의 점수가 낮고 팀장님은 아주 높아 정확한 디렉팅이 되지 않는 상황이 많았습니다.

　　미팅을 하거나 회의시간에 안건만 간단히 이야기하고 끝냈으면 좋겠는데 갑자기 지난 주말에 팀장님이 놀러간 춘천의 막국수 맛이 지금 이 시점에 왜 나오는지 모르겠고 언제 끝날지 모르는 회의에 벌써 지치기 시작합니다. 잘못을 지적하는 상황에서도 "이번 제안 건에서 제품선정이 잘못된 것 같아."라는 그 한마디를 위해 10시에 출발한 춘천행이 얼마나 힘들었는지부터 이야기를 꺼내는 팀장과는 달리 '돌려 말하지 않았으면 좋겠어'라는 마음을 가지고 있는 팀원 간의 대화는 결국 욕구가 이루어지지 않는 사람들의 스트레스 행동의 충돌로 이어져 한쪽은 지나치게 퉁명스러워지고, 또 한쪽은 감정이 다치는 상황이 됩니다.

　　어떤 회사에서 연말 인사고과를 위한 미팅 자리가 있었습니다. 팀장은 틀린 것을 지적하는 것이 너무 어려웠지만 해당 팀원에게 'D'를 줘야만 했습니다. 일대일로 이야기를 하는 동안 팀원의 실수를 지적하며 이야기를 충분히 했다고 생각했습니다.

"저번 프로젝트는 자네 실수만은 아니었어. 그래도 최선을 다해 준 것에 대해서는 고맙게 생각하고 있어."라고 이야기를 꺼냈습니다. 팀원 또한 팀장에게 이해받고 있다는 생각에 "네, 제가 어떤 상황이 었었는지는 다 아시죠?"라며 팀원은 자신의 상황을 다시 한번 충분히 이해시켰다고 판단했습니다. 하지만 결과는 D를 받게 되었고 팀원은 뒤통수를 맞았다고 생각하며 왜 굳이 자신을 불러서 면담을 했는지 도무지 이해하기 힘들다고 했습니다.

본인이 판단하기에 거절을 잘 못하고 관계에서 신중하게 이야기하는 사람들은 정말 필요한 순간 그 순간만큼은 워딩을 정확히 하고 깔끔한 피드백을 주어야 합니다. 때때로 일어나는 이런 진지한 순간 말고도 퇴근 무렵 종종 발생하는 경우도 있습니다.

"오늘 저녁에 그냥 들어가기는 좀 그렇고, 밥만 먹기에는 심심한데 회사 근처에 괜찮은 식당이 있었나? 그렇다고 너무 부담스러운 식사는 안 땡기는데 말이지."가 아니라 "맥주에 치킨 어때?"와 같이 명확하게 말하는 것이 필요합니다.

"치맥 먹죠."와 같이 저맥락 대화를 하는 사람들이 낮은 존중의 점수를 보였고 이와 반대의 고맥락 대화를 하는 사람들은 존중의 점수가 높았습니다. 위 예시에 나오는 팀장님과 같이 존중의 평소 행동점수가 높은 리더는 섬세하게 타인의 감정을 인식하고 있는 까닭에 돌려서 말하는 것을 강점으로 생각하기도 합니다.

존중의 점수는 높은 것이 좋을까요? 낮은 것이 좋을까요? 개인의 결과를 보고 나면 항상 자신에게 부족한 부분이 더 좋아 보인다고들 말씀하십니다. 그러나 모든 컴포넌트는 '상황적합성'이 존재할 뿐입니다. 존중의 평소 행동이 높다면 예의 바르고 성급하게 대화를 시작하는 모습은 보이지 않지만, 예의 바르게 돌려서 이야기를 하는 바람에 정작 어떤 주제를 말하고자 했는지 그 요지가 불분명해질 수 있고 존중의 평소 행동이 낮다면 이슈에 바로 접근할 수 있기는 하지만 관계에 대한 연결을 중요시하는 사람과의 대화는 어긋날 수 있습니다.

서로 다른 성향의 팀원 4명을 뽑아서 관계를 이해해보겠습니다. 버크만 진단을 통해 알 수도 있지만 점수를 모르더라도 해당 컴포넌트에서 어떠한 모습인지를 생각을 해보면 도움이 됩니다.

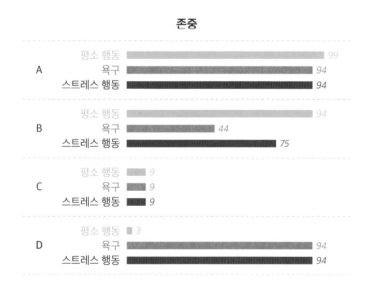

존중

A	평소 행동	99
	욕구	94
	스트레스 행동	94
B	평소 행동	94
	욕구	44
	스트레스 행동	75
C	평소 행동	9
	욕구	9
	스트레스 행동	9
D	평소 행동	3
	욕구	94
	스트레스 행동	94

A와 B, 그리고 C와 D는 각각 회사생활을 하면서 겉으로 드러나는 평소 행동은 같아 보입니다. A와 B는 평소에도 어떤 이슈를 이야기할 때 곧바로 본론에 들어가는 것이 아니라 서두가 길기도 하고 날씨이야기부터 어제 무엇을 했는지와 같은 일상적인 이야기로 시작을 합니다. 그런데, C와 D를 보면 정반대의 모습들을 가지고 있습니다. 어떻게 저렇게 곧바로 자신이 하고자 하는 이야기만 이슈로 꺼내서 할 수 있을까 할 정도로 본론만 이야기하고는 할 말이 끝났으니 제자리로 가버릴 수도 있습니다.

그런데 욕구의 점수를 한번 보면 A와 D가 상당히 높은 것을 알수 있습니다. 존중의 욕구가 높은 사람들은 내가 이 결정에 대해 이야기 했을 때 왜 그랬는지, 다른 관점에서도 바라봐 주길 바라고 "이 아이디어도 좋은 아이디어이긴 해. 이걸 하는 동안 너무 많은 수고를 했겠지만 좀 다른 방법도 한번 고려해 봐주는 것도 좋겠어."와 같이 칭찬과 비판이 균형을 이루는 피드백을 원하는 사람들입니다.

A와 C는 보이는 그대로 자신들에게 대해주기를 바라는 사람들이고 B와 D는 내 행동은 이렇지만 나에게 '94만큼 다가오지 말아줘, 그냥 44 정도로 적당히'(B), '나에게 3과 같이 다가올게 아니라 난 94만큼이 필요해'(D)와 같은 마음을 가지고 있습니다. D는 솔직하게 직선적으로 이야기하는 평소 행동을 하고 있으니 다른 사람들은 "아, 저 사람에게도 솔직하게 이야기하는 것이 좋겠어."라고 생각하고서 있는 그대로 이야기하게 됩니다. 그런데, 원하는 건 그게 아

니라서 '왜 사람들이 나에게 이렇게 직설적으로 이야기하지?'하면서 사람들에게 섭섭함이 자꾸 쌓이게 됩니다.

우리는 보통 상대의 행동을 보면서 '아~ 상대방에게도 저렇게 이야기를 해야겠구나'와 같이 여깁니다. 상대방이 나에게 하는 행동이 상대방에게도 허용되는 행동인 것처럼 잘못된 메시지로 인식할 가능성이 높습니다. 즉, 우리는 상대의 행동을 관찰하며 상대방도 동일한 방식으로 대해주기를 바란다고 생각하는 경향이 있습니다. 그러나 버크만의 진단 결과를 두고 생각해볼 때 "왜 대접받고 싶은 대로 행동하지 않아?"라고 묻는 소위 '황금율'이 항상 사람들에게 적용되지는 않는다는 사실은 놀라운 일이 아닙니다.

B는 평소에 배려가 많고 세심하게 사람들에게 접근을 하는 편이라 상대방도 대부분 그에게 신중하게 대하고 이야기를 할 때도 돌려 말하지만 그게 사실 B에게는 불편합니다. 그냥 솔직하게 말해줬으면 좋겠는데 그렇게 되지 않는 상태가 지속되면 스트레스 행동으로 표현하게 됩니다. 그런데, "왜 그렇게 피곤하게 돌려서 말하니? 그냥 있는 대로 빨리 말해줘."라고 하면 좋겠지만 B의 스트레스 행동은 오히려 말을 하지 않고 감정이 상해버려서 빨리 자리를 피해버립니다. 그래서 주변 사람들은 B가 화가 난 것을 눈치 채지 못합니다. 이는 A도 마찬가지입니다. 차마 직설적으로 말하지는 못하고 "내가 많이 편하게 느껴지긴 하는 거지?"와 같이 살짝 돌려 말하면서도 자신은 나름대로 알아듣게 이야기했다고 생각합니다.

B와 같이 충족되지 못한 욕구를 반영하지 못하는 스트레스 행동은 주변에서 알아차리기 쉽지 않습니다. 마음이 상한 상태는 겉으로 드러나지 않기 때문에 타인이 이해하기가 더욱 어렵습니다.

C와 같이 스트레스 행동의 점수가 낮은 사람들은 지나치게 퉁명스럽게 대하면서 "아~ 뭐? 내가 어쨌는데?"라든지 "제대로 좀 이야기하세요"와 같이 상하의 분별이 없거나 상대의 욕구를 존중하지 않는 태도를 보이므로 눈으로 관찰이 됩니다. 하지만 A, B, D는 예민해지고 감정이 다치며 타인을 회피하는 행동을 보이기 때문에 스트레스 행동을 직접적으로 인식하지 못하는 경우가 발생합니다.

대부분의 사람들은 보여지는 대로 상대를 대하기 때문에 주변에서는 할 말만 하면서 대하는 것을 D가 바라는 예의라고 생각했을 수 있습니다. 진단의 결과를 통해 자신의 모습을 뒤돌아 본 D는 친구와의 대화에서 꽤 오랫동안 섭섭함이 생겼던 반복된 패턴을 알게 되었다고 하였습니다. D의 문제만이 아닙니다. 우리 주변에도 유사한 상황이 많이 벌어지고 있습니다.

제대로 상대의 욕구를 이해하기 어려운 까닭에 섭섭함이 계속 쌓이게 되고 주변 사람들은 왜 그렇게 섭섭해 하는지 모르는 상황이 반복됐을 가능성이 많습니다. 그렇게 시간이 흘러가는 동안 서로에게 오해가 쌓이면서 결국은 어느 한 순간에 관계는 멀어져 있고 다시 회복되기는 쉽지 않습니다.

존중의 점수가 높은 리더의 해결책은 일단 자신이 그러한 성향임을 인식해야 한다는 것입니다. 그리고 정확한 피드백을 해줘야 하는 그 순간만큼은 워딩을 정확히 해야 합니다. 얼굴을 마주보고 이야기를 할 자신이 없다면 메일을 이용하여 자신이 원하는 내용의 워딩을 올바르게 하고 자신의 장점인 양해를 구하는 문장을 함께 넣는 것도 좋은 방법입니다.

수용_{Acceptance}이 나타내는 집단에서의 사교성

내가 외향적이라고?
우향우, 좌향좌같이 간단한 게 아니란다.

예시1

A 복지관에서 일하는 수 팀장은 평소 바쁜 스케줄로 인해 주말에도 개인시간을 쪼개서 센터를 이용하는 주민들을 찾아서 기쁜 마음으로 업무를 하고 있다. 지인들과 야구동호회 활동도 하고 평소 붙임성 있는 성격으로 활발한 사교성을 가지고 있다. 그런데, 사람들과 있을 때 갑자기 조용해지거나 에너지가 급격히 떨어져서 혼자 있고 싶기도 한 자신을 이해할 수가 없고 사람들도 그럴 때마다 무슨 일이 있느냐고 물어보는데 이유를 모르겠다.

몇 년 전 워크숍에는 자신이 계획을 세우고 팀원들에게 공지하고 사전답사까지 다녀와서는 정작 모두 다 워크숍 장소에 도착해서 행사가 시작되었는데 혼자서 주변 들판을 하염없이 거닐다가 다시 돌아왔다고 한다.

예시2

일주일 동안 출근해서 거의 말 한마디 없는 용 팀원. 커피타임, 담배타임 심지어 회의시간에도 거의 말을 하지 않는다. 그러나 회식자리에서 만큼은 술을 한잔하기도 전부터 전혀 다른 사람이 되는 것 같다. 엄청 말도 많아지고 자기표현을 잘하고 심지어 팀이나, 회사를 꿰뚫어보는 눈이 상당히 날카롭다. 어떻게 우리가 듣고 싶어 하는 말만 골라서 저렇게 잘 하는지 모르겠다. 대부분 지쳐서 다들 집에 가지만 술도 많이 마시지 않으면서 끝까지 남아 2차, 3차까지 간다. 하지만 그 다음날 언제 그랬냐는 듯이 또 조용하다.

이번에는 사회지향점을 나타내는 두 개의 컴포넌트 가운데 하나인 '수용'입니다. 대부분의 사람과 잘 지내고자 하는 우호성이나 높은 개방성을 뜻합니다. 받아들이는 정도나 이해심, 배려, 포용의 의미가 아니라 사교성과 관련 있는 모습을 말해줍니다. 그러나 버크만에서는 점수에 대한 높고 낮음에 대해 사교성이 있다, 없다, 와 같이 정의하지 않습니다. '사교성이 없는 사람'은 없습니다. 누구나 친한 사람은 있기 마련입니다. 그러므로 이 점수의 높낮이를 정의를 해보자면 '선택적 사교형'인가 아니면 '통합적 사교형'인가가 됩니다.

수용은 조직에서 나는 어떤 모습을 가지고 있는지 좀 더 자세하게 알아볼 기회가 됩니다. '나의 친밀함이 어떻게 보여 지는가?' '나는 친밀함을 얼마나 스스럼없이 내보일 수 있는가?' 하는 것에 대한 지표입니다.

　　팀에서 만나 볼 수 있는 서로 다른 성향의 팀원 4명을 만나보겠습니다.

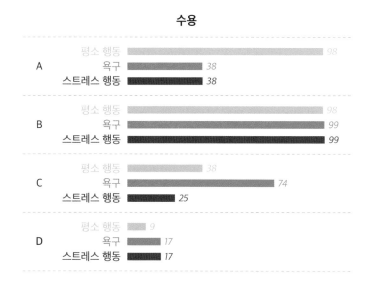

수용

A
평소 행동 98
욕구 38
스트레스 행동 38

B
평소 행동 98
욕구 99
스트레스 행동 99

C
평소 행동 38
욕구 74
스트레스 행동 25

D
평소 행동 9
욕구 17
스트레스 행동 17

　　A와 B는 디브리핑 과정 내내 발표도 잘하고 열정적인 모습을 보이며 팀이나 조직 내에서 소속감을 강하게 가지고 있다고 말했습니다. 수용의 평소 행동이 높으신 분들을 보면 일단 그룹에서 이야기도 잘하고 팀원으로 일하는데 대한 열정이 많습니다. 팀 워크숍을 진행하면서 '수용'의 평소 행동 점수가 높은 사람들이 많이 있으면 그 곳의 분위기는 참 시끌벅적하고 낯가림도 없이 발표도 잘하고 의

견을 교환하는 것도 불편해하지 않으며 액티비티 참여도 또한 좋습니다.

반면, 수용의 점수가 낮은 C와 D같은 경우에는 처음에 친해지는 데 시간이 많이 걸리고 친한 사람들이 정해져 있는 경우가 많다고 했습니다. 많은 인원으로 이뤄진 집단의 에너지보다는 최소한의 인원 속에서 소규모로 이야기하는 것을 즐기는 편입니다. 그 강도는 D가 더 심할 것입니다.

그러나 그 소규모 속에서 선택적이긴 하지만 사교적인 행동을 하기 때문에 말이 없고 조용한 느낌만 있는 것은 아닙니다. D와 같이 수용의 모든 점수가 낮은 분들 가운데도 자신과 비슷한 관심사를 갖고 있는 사람들의 모임에서는 정말 수다스럽게 말을 많이 하는 외향적인 모습을 갖고 있다고 말하기도 했습니다.

평소 행동과 욕구 점수 차가 많이 나는 A와 C같은 경우에는 자신도 모르는 마음이 있습니다. 먼저, A를 볼까요? 활동적으로 사람들과 잘 지내고 관계도 분명히 좋은 것 같은데 집에 돌아가서 보면 뭔가 허하고 에너지가 방전된 느낌이 들고 사람들과 함께 있는 도중에도 중간에 가끔씩 혼자 있고 싶을 때가 있다고 했습니다.

A는 집단으로부터 자유롭고자 하는 욕구가 충족되지 않으면 단체라는 명목으로 자신에게 활동이나 참여가 강요될 때마다 스트레

스를 받게 됩니다. 그렇게 되면 사람을 피하거나 회의 중에도 침묵하거나 팀 자체의 중요성을 과소평가하는 행동을 하게 됩니다. '오면 반갑고 가면 더 반갑고.'와 같은 마음이라고나 할까요? 이게 사람을 참 힘들게 합니다. 왜냐하면 평소에 사람들과도 잘 지내서 붙임성도 좋고 사회생활도 잘한다는 평판을 듣는 사람이 갑자기 뭔가 집단에 소속되어 있는 것을 부정하고 사람들을 피하는 행동을 하게 된다면 주변에서도 좋게 보지 않고 스스로도 무엇이 문제인지를 모르는 경우가 생기기 때문입니다.

C라면 어떨까요? C는 디브리핑을 하는 동안 이름이 많이 불려서 수치스러웠다고 표현했는데 그게 싫지만은 않았다고 하셨습니다. 또한, 평소에도 성격에 고민이 많아서 변화하고 싶어 하는 자신을 수치로 확인한 것 같아서 좋은 방향성이 되었다고 이야기했습니다. 평소 개인 활동을 하는 편이긴 하지만 팀플도 하고 싶은 마음이 있고 팀플에서만 가능한 의견교환이나 격려와 같은 피드백에서 큰 동기부여를 받는 편이기도 하다고 했습니다. 꼭 무대에 세우는 소속감이 아니더라도 팀 활동을 매력적으로 생각하기도 합니다. 그러나 긍정적인 측면이 없는 팀(이 기준이 충족되기 어려운 까닭에 보통 혼자 작업을 한다고 했습니다.)에서는 보통 소속감을 느끼는 것 대신 개인 역량을 발휘하는 쪽을 선호한다고 했습니다.

스스로 이해가 잘 되지 않았던 양면적인 자신의 모습을 도표로 볼 수 있는 것이 너무나 신기했고 이제야 왜 그런 마음이 들었는지 알 수 있는 시간이었다고 하셨습니다. 평상시에 만약 식사를 예를 들어 이야기한다면 '밥 먹으러 갈래?'라고 친구들한테 말하면 '나도 갈게'는 차마 못하고 '나한테도 물어봐 주면 내가 따라갈 텐데'와 같은 마음이 들 수도 있습니다. 조금은 더 적극적인 그룹에서의 활동이나 참여를 원하는 사람들 가운데 행동으로 옮기지 못하고 있는 사람이라면 C와 같은 성향을 가지고 있을 가능성이 있습니다.

반면에 B는 수용의 욕구도 높아서 팀으로 일하면서 폭넓게 대인관계를 하는 것에서 안정감을 느끼기 때문에 그에게 독립적인 활동을 강요받거나 팀으로써의 그룹활동을 못하게 될 때는 개인의 의견이 없어지고 오히려 자신이 속한 팀에 의지를 하고자 하면서 팀이 원하고 듣고 싶어 하는 행동이나 말을 하게 되는 스트레스 행동이 나타하게 됩니다.

C와 D는 친구들과도 개별적으로 만나고 모임도 꼭 필요한 모임에만 참석하려고 하고 적극적으로 모임을 만들거나 나서서 사람들을 만나지 않습니다. 그렇지만 그러한 모임에 참석하고자 하는 욕구는 분명 C가 훨씬 더 강할 것입니다. 아마, 이런 분은 조금만 옆에서 응원을 해준다면 분명히 모임에 잘 나갈 확률이 높아질 것입니다.

예시 1에 나왔던 수 팀장은 수용의 평소 행동(98)과 욕구(4)가 A보다도 훨씬 차이가 많이 났습니다. 한번은 오후 2시쯤 퇴근 후에 회식을 하자고 사람들에게 이야기해 놓고는 업무가 마치는 시간이 될 때쯤에는 그 모임에 너무 가기 싫어서 혼자 다른 핑계를 대고 빠졌다고 합니다. 그래서 팀장들로부터 "너를 보면 가끔 어떤 사람인지 도대체 알 수가 없어."라는 말을 자주 들으셨다고 합니다. 그럴 때마다 정말 난 왜 이럴까 하는 생각을 많이 했다고 하셨는데 '수용'의 컴포넌트에 대한 설명이 이제껏 해왔던 자신의 행동과 마음을 너무나 잘 표현해줘서 내가 왜 그런 말을 듣게 되었는지에 대해 충분한 이해가 되었다고 고마워했습니다.

특히 이런 사람들이 자주 하는 행동 중에 '공수표'라는 키워드가 있습니다. 이들의 "언제 한번 밥 한번 먹자."는 그냥 "굿모닝."과 같은 형식적인 인사와 같은 것이라고 설명을 할 때 긍정의 끄덕임을 몇 번이나 볼 수 있었습니다. 그런데, 가끔 상대가 "그래, 그럼 지금 먹자."라고 말하면 많이 당황하기도 하는데, 먹고 싶은 사람이 정해져 있는 경우가 많기 때문이라고 합니다. '수용'의 욕구 점수가 낮은 성향의 사람들은 독립적인 활동이나 최소한의 그룹회의, 또는 몇몇의 친한 친구들과의 일대일 만남과 같은 개인적인 시공간을 좋아합니다.

그런데, 일대일로 이야기를 원만히 잘 해나가는 사람들 가운데에도 수용의 점수에 대한 차이로 갈등을 빚는 경우가 있습니다. 한 팀장님께서는 미팅에서 의사 결정을 할 때 모든 팀원들의 합의를 통해서 결론을 내리고 싶어 하는 마음을 가지고 있었습니다. 그런데, 팀원들이 회의에 아무런 이야기를 하지 않아서 무슨 생각을 하고 있는지 모르겠다, 아무 생각이 없는 것 같다며 답답함을 토로했는데 수용의 점수와 연결시켜 회의를 구성해 본다면 안건을 미리 알려서 각자 대답할 내용을 준비한 뒤 회의에 참석하게 하고, 회의 결과를 토대로 일대일로 의견을 물어보는 방법이 도움이 됩니다. 이러한 방식을 따르면 안건에 대한 결론을 낼 때 모든 팀원의 의견을 받아볼 수 있을 것입니다.

앞선 존중과 수용의 컴포넌트를 섞어서 보면 필요한 이야기만 하고 그룹에서 이야기를 잘 나누지 않는 모습이라 친하게 지내는 데 시간이 다소 걸리거나 친근감이 떨어지고 가까이 다가가기 어려운 딱딱하고 불편한 이미지로 비춰지는 사람은 존중과 수용의 평소 행동 점수가 둘 다 낮은 사람일 수 있습니다. 존중의 점수는 낮고 수용의 점수가 높다면 활동적인 모습으로 여기저기 다니면서 필요한 말만 탁탁하는 쿨한 이미지로 비쳐질 수도 있습니다.

공감 Empathy 을 표현하는
감정 단어의 선택

내가 아닌 말을 했나?
없는 말을 했나? 틀린 말을 했나?

예시1

회사 생활 10년차에 회사생활에 사춘기가 찾아온 에이스 공 과장은 하는 일에 늘 지쳐 있다. 본인 일에 대한 확신이 점차 없어지면서 안 그래도 힘든 회사생활이 더욱 힘들다. 회사에서 존경하는 선배가 있는데 일도 정말 잘하면서 놀기도 잘하고 운동은 또 주말마다 끝도 없이 종목을 바꿔가며 즐기는 게 신기할 따름이다. 그 선배를 찾아가서 어렵게 이야기를 꺼냈는데 한참을 듣던 선배는 자기도 다 겪었었고 지금의 자기 상황과는 갭이 엄청나다며, 별 것 아닌 것처럼 "팔자 좋은 소리야. 지금이 행복한 거니까 그냥 즐겨."라고 한다.

예시2

감 부장은 거울을 보며 와이프에게 "내가 요즘 흰머리가 너무 많이 생겼어."라고 했다. 그랬더니 와이프가 "사람들은 남들에게 관심이 없어. 사람들 눈에는 당신 흰머리가 보이지도 않아. 당신만 보이는 거야. 신경 쓰이면 염색을 해. 참~ 말이 나와서 말인데."라며 이야기가 본격적으로 길어질 낌새를 눈치 채고 2절이 시작되기 전에 옆방으로 피신했다. 감부장은 그저 지금의 우울을 이해받고 싶었을 뿐이었다.

이번에는 감정지향점을 나타내는 3가지의 컴포넌트 가운데 첫 번째 공감에 대해 알아보겠습니다. 공감지수는 대상이 정서적인 표현이나 감정과 관련된 부분을 얼마나 편안하게 다룰 수 있는지를 나타냅니다. 이때, '공감'이라는 개념에는 즉흥성, 기분의 변화 그리고 타인에 대한 감정 등도 포함되어 있습니다.

공감은 한마디로 상대방과 이야기할 때 "감정선과 연결된 단어를 얼마나 많이 사용하는가?"하는 것에 대한 척도입니다. 객관적이고 사실에 입각한 공감을 하는 것인가, 아니면 감정 표현이 풍부하고 정서적인 교류에 따른 공감을 하는가 하는 문제입니다. 그래서 버크만 진단에서는 '감정이 있는가'라는 질문을 던지는 것이 아니라 '느끼는 감정을 어떻게 드러내는가?'와 관련이 있다고 봅니다.

어떤 분은 자녀가 "엄마, 나 이번 시험문제가 너무 어렵고 잘 못 풀어서 스스로에게 화가 나고 슬펐어."라고 했는데 "왜 그런지 알아? 공부를 안 해서 그래. 니가 게임하는 시간을 공부하는 데 반만 투자해도 그런 소리는 안 나와."라고 이야기했다고 합니다.

비단 둘만의 관계뿐만 아니라 팀 단위의 관계에서도 자신이 감정을 어떻게 표현하는지, 어떤 욕구를 가지고 있는지를 정확히 모름으로 인해 생기는 대화의 불균형이 존재하고 있는 것은 참으로 안타까운 일이며 이것은 단지 서로가 공감을 표현하는 방식이 다를 뿐이라는 이해가 필요합니다.

기업에서 팀 빌딩을 할 때나 커플 상담을 할 때 대화가 시작될 때부터 삐걱거리고 갈등 상황을 맞닥트리는 사람들은 바로 공감의 컴포넌트에서 큰 차이를 드러냅니다. 그리고, 한 가지 중요한 점이 있는데 '존중'은 눈에 딱 바로 드러나는 방식이라는 점에 비해 '공감'에 대한 컴포넌트는 눈에 잘 보이지 않는 요소이기 때문에 상대의 특성을 곧바로 알아차리기가 어렵다는 점입니다.

공감의 평소 행동 점수가 높으면 인정 많고 따뜻한 측면이 있고 점수가 낮으면 객관적이고 공평한 측면이 있습니다. 공감 점수가 높은 사람의 장점은 상대의 감정을 적극적으로 이해하고 인정이 많으며 따뜻한 측면이 있습니다. 공감 점수가 낮은 사람의 장점은 문제 상황을 해결하기 위해 현실적이고 실질적인 해결안을 제시하고 행동을 곧바로 취하는 능력이 있을 수 있습니다.

이번에도 서로 다른 성향의 팀원을 뽑아서 디브리핑을 해보겠습니다.

공감

A	평소 행동	99
	욕구	51
	스트레스 행동	51
B	평소 행동	99
	욕구	97
	스트레스 행동	97
C	평소 행동	37
	욕구	23
	스트레스 행동	75
D	평소 행동	37
	욕구	95
	스트레스 행동	95
E	평소 행동	10
	욕구	23
	스트레스 행동	23

A와 B는 두 사람 모두 상대의 감정을 충분히 이해하고 민감하게 반응하며 다른 사람들보다 표현력도 좋습니다. 이런 사람과 이야기를 하게 되면 자신이 감정적으로 응원을 받았다고 느끼게 됩니다. 그런데, 이런 두 사람이 행동하는 것과 같은 수준으로 상대방이 공감하는 반응을 보인다면 A는 조금 불편할 수 있습니다. B는 '나와 이야기할 때는 나에게 먼저 공감해줘'라는 욕구가 강한 반면에 A는 '이 정도의 반응은 좀 당황스러운데? 너무 감정적으로만 이야기하지 않았으면 좋겠어.'라고 여기기 때문입니다.

D는 스타일이 정반대입니다. 평소 행동은 아주 객관적이고 해결

책에 집착하는 공감의 모습을 보입니다만, '팩트만 강조하기보다 먼저 나의 감정을 이해하고 따뜻하게 이야기해줬으면 좋겠어.'라는 욕구를 가지고 있습니다. 그래서 D는 객관적인 사실만 갖다 대면서 이야기하는 사람들의 공감 방식이 마음에 들지 않고 상처를 받기도 합니다. 이것이 반복되면 좌절하고 감정에 의해 정확한 판단을 하지 못하게 되어 오히려 더 비관적이 되는 스트레스 행동을 하게 됩니다. 이러한 모습을 본 사람들은 '아니, 그러면 처음부터 상대방에게 따뜻하게 말하면 되지. 자기도 못 하는 걸 상대에게 바라는 것은 잘못된 게 아냐?'라고 생각할 수 있습니다. 하지만, 이와 같은 욕구와 평소 행동의 차이는 많은 사람이 가지고 있는 자연스러운 모습입니다.

C는 어떨까요? C는 객관적으로 이야기하고 해결책에 집중하는 평소 행동을 보이고 있으며 그의 욕구 또한 '감정에만 호소하기보다 팩트만 이야기했으면 좋겠어.'입니다. 욕구만 따른다면 E처럼 '야! 그만 울어, 운다고 해결되냐? 해결책을 찾는 데 집중을 해야지'라면서 상대의 감정에 무심해지거나 문제를 과소평가하는 스트레스 행동이 보여야 합니다. 그러나 C의 스트레스 행동 점수는 75점으로 욕구와는 반대되는 모습을 보입니다. '감정적으로 들이대지 말고 문제에 대해서 논리적으로 해결하자'라는 욕구가 있다면 스트레스 행동 또한, 무심해지거나 감수성이 드러나지 않아야 하는데 C는 오히려 지나치게 걱정하는 모습을 보이는 스트레스 행동을 보이게 되는 것입니다. 그래서 C와 같은 사람과 이야기하다보면 이 사람의 대화법을 종잡을 수 없게 되어 어떻게 해야 할지 모르겠다는 말이 나오게

됩니다.

우리가 속해 있는 팀에서라면 B는 A와 이야기를 하는 것이 공감적인 요소에서는 가장 통한다고 느낄 수 있고, B와 E의 경우라면 대화를 하더라도 서로가 공감하고 있다는 느낌이 들지 않을 수도 있습니다. 그래서 팀 워크숍을 진행할 때 각각의 컴포넌트에서 나의 평소 행동 점수를 확인하고 대각선의 욕구 점수가 비슷한 사람을 찾아 대화하라고 말씀드리곤 합니다.

다시 한번 알리자면 더 바람직하거나 바람직하지 못한 점수라는 것은 없습니다. 우리 안에 존재하고 있는 복잡한 모습들 중의 하나일 뿐입니다.

이번엔 커플 디브리핑입니다. 두 분 모두 평소 행동 점수가 낮지 않고 욕구도 평소 행동과 같습니다. 그런데 B는 A가 자신에게 공감을 못해주고 있다고 느꼈고 나중에 아이가 생겼을 때도 자녀에게 공감을 못하는 사람이 될까봐 걱정이 된다고 했습니다. 반면 A는 회사에서 일할 때는 팀원들이 정말 공감을 잘한다고 말하는데 집에서만 인정을 못 받으니 섭섭하다고 했습니다. 오히려 B의 행동이나 판단에 감정이 큰 영향을 미치고 별 문제가 아닌 것을 너무 확대해서 이야기하는 게 이해되지 않는다고 했습니다.

　다행히 서로의 결과를 토대로 디브리핑을 하면서 둘의 모습을 객관적으로 보게 되며 상대를 많이 이해할 수 있게 되었습니다. 디브리핑 워크숍에서 많이 들었던 부분은 이 '공감'의 수치에 대해 상호 간의 이해도가 높아진 점이 너무 좋았다는 의견이었습니다.

사고 Thought 에
들이는 시간 차이

오랫동안 사고만 하다가 사고치는 거 아닌가?

예시1

사 팀장은 이거면 이거고 저거면 저거인 사람이다. 이것저것을 모두 고려해 보는 것은 그냥 생각에 갇혀 있을 뿐이라고 믿는다. 반면 팀원들은 평소 여러 가지 가능성을 열어 두고 프로젝트를 오랜 시간동안 검토하는 신중한 스타일이라 사 팀장을 답답하게 만든다. 최근 실시한 다면평가에서 팀원들로부터 사람은 좋은데 업무에서는 흑백 논리로 따지고 중간이 없어 신중하지 못한 결정을 하는 듯이 보여진다는 피드백을 받게 되었다.

과거 팀원으로 있을 때는 팀장으로부터 빠른 결정과 단호함이 장점이라는 칭찬을 받으며 업무를 진행했는데 리더가 되면서 자신의 모습을 고민하기 시작했다. 일단 하고 나서 생각하자고 말하지만 언제나 느긋하게 이것저것 따지느라 시간만 보내는 팀원들을 어떻게 바라봐야 할지 고민이다. 저러다가 팀원들이 머리속에서 길을 잃어버리는 건 아닌지 걱정도 된다.

예시2

A 팀장은 평소에 그다지 인정받지도 그렇다고 인정을 받지 못하지도 않는 그냥 그런 팀장이다. 하지만 팀원들이 급한 결재를 올리면 초스피드로 검토 후 승인해주는 것 하나만큼은 최고다. 팀원들이 브레이크 없이 이어서 일을 할 수 있게 배려해준다. 반면, 고 과장은 평소 임원들에게도 인정받고 자기 스스로도 똑똑하다고 생각하는 에이스 팀장이다. 그러나 팀원들이 결재를 올리면 한세월이다. 그에게 한번 들어가면 도통 나오질 않는다. 팀원들은 결재 이후 이어서 일을 해야 하는데 찾아가면 알았다는 말 밖에 없으니 지치고 뒤에서 욕하게 된다. 팀장은 결재하라고 있는 자리 아니냐면서 비아냥대는 것이다. 이런 분위기를 모르지 않지만 고 과장은 그만의 논리가 있어야 움직일 수 있다.

감정지향점의 두 번째, '사고'는 의사 결정을 할 때 어떠한 방식을 사용하는지에 대한 척도입니다. 단번에 결단력 있고 단호한 결정을 내리는지, 아니면 철저한 검토를 통해 결과 이후의 상황까지도 고려하는지를 보여줍니다. 평소에 얼마나 많은 옵션을 고려하고 있는지를 알아보는 것으로써 파랑의 키워드 중에서 '심사숙고'라는 키워드를 나타내 주는 컴포넌트이기도 합니다.

73

어떤 분께서는 팀 프로젝트를 진행하면서 팀원들이 미팅을 잡아도 몇 번씩 자신이 스스로 취소한 적이 있었는데 생각해보니 여러 가지 옵션을 고려했기 때문이라고 말했습니다. 고려할 사항들이 많았기 때문에 생각을 충분히 정리할 시간을 가지려고 했던 모습이 미룬 것으로 보여지는 상황이 안타까웠는데, 사고의 점수가 높게 나타나 스스로 위안이 되었고 당시 팀원들의 스트레스 행동도 모두 이해가 되었다고 했습니다. 이렇듯 사고의 평소 행동 점수가 높은 성향을 가진 리더와 반대성향의 팀원들로 구성되어 있다면 팀원들은 빨리 결정해서 업무를 던져 주기를 바라는데 팀장이 너무 우유부단해서 업무분장도 제대로 해주지 않고 추진력이 떨어지는 것 같아 답답해집니다. 동시에 이 일이 잘 진행되고 있는지에 대한 불안감마저 들 수 있습니다.

반대의 경우도 마찬가지입니다. 빠른 결정과 판단을 통해 지시를 하는 리더라면 자신의 의사 결정능력을 자랑스러워할지도 모릅니다. 시간을 들이지 않고 즉각적으로 결정을 하는 것이 옳다고 생각하기 때문이지요. 그러나 함께 일하는 팀원이 사고의 평소 행동 점수가 높다면 리더는 팀원이 답답할 것이고 팀원은 자신이 고려해야 하는 사항에 대한 충분한 시간이 없어서 불편할 수 있습니다.

충분한 의사 결정을 통해 옵션을 고려하고자 하는 욕구를 제대로 충족시키지 못하면 불필요하게 결정을 미루거나 오히려 과도한 정보를 요구하게 되는 스트레스 행동을 하게 됩니다. 이 스트레스 행동은 더욱 더 우유부단한 모습이나 실패나 실수를 두려워하는 등의 부정적인 메시지를 상대방에게 줄 수 있습니다. 반대로, 즉각적인 결정에 대한 욕구가 제대로 충족되지 않으면 더욱 더 '지금, 여기'에 의해 평가하고자 하거나 성급하게 행동을 취하는 스트레스 행동을 보이게 됩니다.

성공률이 약 30%정도로 기대되는 프로젝트가 있다고 가정할 때, 사고 점수가 높은 성향을 가진 사람들은 성공 확률을 더 높이기 위해서 여러 가지 가능성을 검토하고 충분한 시뮬레이션을 해본 다음에 실행을 합니다. 반면에 사고의 점수가 낮은 성향을 가진 사람들은 일단 30%의 성공률을 인식하고 일단 실행해보면서 맞닥트리는 사실에 대응할 수 있는 즉각적인 결정을 내리게 됩니다.

어떤 쪽이 더 나은 결정 방식일까요? 어느 것이 옳고 그른 것은 없지만 상황 적합성에 따라 자신의 방식을 이해하고 업무의 성격에 따라 자신을 바꿀 필요는 있습니다.

서로 다른 성향의 팀원 4명을 뽑아서 디브리핑해보겠습니다.

먼저, 평소 행동과 욕구가 비슷한 B와 D는 나의 평소 행동과 상대로부터 바라는 양상이 같은 성향입니다. 이 때문에 나의 행동에 따라 그와 맞는 행동을 보이는 타인에 대해 거부감이 없습니다.

B는 사려 깊고 결과 그 이후의 상황에 대한 부분까지 고려하고 문제의 전모를 보려는 성향입니다. 이 때문에 애매모호한 상황을 깊게 생각하고 결정합니다. 욕구 또한 높아 프로젝트를 진행할 때도 스스

사고

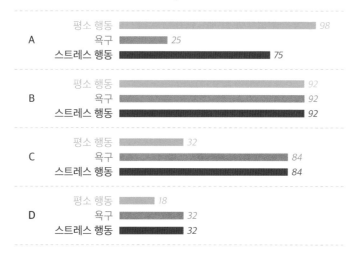

A	평소 행동	98
	욕구	25
	스트레스 행동	75
B	평소 행동	92
	욕구	92
	스트레스 행동	92
C	평소 행동	32
	욕구	84
	스트레스 행동	84
D	평소 행동	18
	욕구	32
	스트레스 행동	32

로 그 의미를 생각할 시간이 필요하고 다른 사람들의 의견이나 생각을 들어보며 대화를 충분히 나누기를 바란다고 했습니다.

반면 D는 빠른 판단으로 즉각적인 결정을 내립니다. 욕구도 낮은 편이라 문제가 발생하더라도 최소한으로 의견전달이 이뤄지길 바라므로 빠른 결정을 방해하는 주변의 터치가 있으면 불편하다고 했습니다.

아니나 다를까 B와 D는 프로젝트를 하면서 부딪치는 경우가 많았습니다. B는 자신과 같이 세심하게 검토를 하지 않고 즉흥적으로 말하는 D가 마음에 들지 않았고 D는 중요한 것도 아닌 사안을 가지고 사사건건 트집을 잡으며 시간만 끄는 것 같은 B가 마음에 들지 않았습니다. 그러나 둘의 이 양극의 전혀 다른 행동은 팀을 위해서 여러 가지 상황을 잘 해결해 나갈 수 있는 보석 같은 자원이 될 수 있습니다.

현장에 나가서 사람들을 만나고 즉석에서 빠른 결정을 내려야 하는 상황이라면 D의 모습이 분명히 득이 될 수 있습니다. 반면 현장의 경험들과 피드백들을 정리해서 새로운 기획 전략을 짜는 데서는 B의 성향이 팀에 도움이 될 것입니다.

C와 같은 성향의 사람은 결정을 빨리 내리는 스타일인데, 정작 시간이나 상황은 충분히 검토하기를 바라고 있습니다. 이런 주저함이 없는 행동이 타인에게는 상당히 빠른 속도감으로 다가올 수 있습니다. 특히 사고를 깊게 하기를 원하는 사람들이라면 행동에 대한 무언의 압박을 느낄 수도 있습니다. 마치 다리를 다쳐 계단을 쉽게 내려오지 못하고 있는 데 뒤에서 사람들이 뭐라고 하지는 않지만 줄지어 천천히 따라 내려오고 있을 때의 압박감 같다고 주변에서 표현하기도 하였습니다.

욕구와 상반된 평소 행동은 타인들로부터 오해를 받기 쉽습니다. 자신이 하는 행동을 보고 주변에서도 같은 결정을 바라며 그러한 환경에 놓이게 하는 것들 즉, 주변 사람들이 배려의 차원에서 맞춰주려고 한 모습들이 오히려 스트레스 행동으로 표출되기도 합니다.

A를 살펴보겠습니다. A는 평소 아주 신중한 모습이고 여러 가지 옵션을 고려하기 때문에 질문을 받을 때도 대답을 할 때까지 시간이 많이 걸린다고 했습니다. 하지만 정작 본인은 다른 사람들이 오랜 시간동안 생각하거나 자신에게 그만큼 길게 대화하자고 하면 불편함을 느끼게 됩니다. 정상적인 스트레스 행동은 다분히 충동적이고 성급한 결정을 하는 모습을 보이는 것입니다. 그래야 상대방도 제대로 된 욕구를 짐작할 수 있을 텐데 욕구와는 전혀 다른 스트레스 행동의 결과로 오히려 우유부단해지기 때문에 자신이 화가 난 것을 사람들이 인식하지 못하는 경우가 생기게 됩니다.

B와 같이 높은 스트레스 행동의 성향을 가진 사람들은 결정을 미루거나 지나치게 많은 정보를 필요로 하면서 정보의 부족을 느끼는 스트레스 행동을 합니다. 스트레스 행동 점수가 낮은 D와 같은 경우에는 오히려 더욱 더 성급하게 행동으로 옮기거나 결정을 자주 번복하는 스트레스 행동을 보입니다.

평소 자신이 '사고'라는 컴포넌트에서 어떠한 행동과 반응을 하고 있으며 내가 원하는 상황은 어떤 것인지를 잘 생각해 볼 필요가 있습니다.

활동Activity을 하기 위한
신체 에너지

생각이 없는 게 아니라 에너지가 넘치는 거예요.

예시1

IT 회사의 영업팀 활 과장은 항상 팀원들보다 일찍 출근하고 누구보다도 늦게 퇴근한다. 그렇다고 옛날 팀장들처럼 일부러 보여주기 위해서 그러는 건 아닌 것 같다. 힘껏 감아서 던져 놓은 태엽 인형처럼 정말 하루 종일 쉬지 않고 에너자이저처럼 일한다. 사장님이 말씀하신 내용을 팀원들에게 따로 시키지도 않고 스스로 일을 만들어내서 해내는 모습을 지켜보면서 팀원들은 어디서 저런 에너지가 나오는지 부럽기도 하지만 한편으로는 힘들기도 하다.

예시2

동 팀장은 업무에서 항상 여유롭고 급해 보이지 않는다. 스스로 업무 처리 속도를 조절하기를 좋아하고 외근을 나가더라도 동선을 고려해서 필요한 외출을 하곤 한다. 팀원들이 보기에는 언제 일을 하나 싶을 정도로 느긋하지만 항상 고과에서 좋은 성적을 낸다. 속도가 중요한 것은 아니라고 생각해서 팀원들이 분주한 일정으로 외부활동을 할 때마다 정신사납기도 하고 저렇게까지 움직일 필요가 있나 하는 생각이 드는 순간이 있다.

사고가 의사 결정의 방법에 대한 이야기라면 감정지향점의 마지막 요소인 '활동'은 바로 의사 결정의 속도에 대한 지표입니다. '생각과 행동 사이에서 어떤 균형을 잡고 있는가?' 하는 문제이며 행동의 속도가 어떤지, 혹은 실제적인 행동을 하는 신체 에너지를 어떻게 소비하는지를 보여줍니다.

몸에서 바로 반응하는가, 아니면 머리로 한번 생각하고 반응하느냐에 따라 '빠르다', 혹은 '느리다'와 같은 모습으로 나타날 수도 있습니다. 그러니까 '사고'의 컴포넌트가 머릿속에서 일어나는 작용에 대한 이야기라면 '활동'의 컴포넌트는 실제로 몸을 사용하는 것, 행동을 하는 그 자체를 얼마나 빠르게 혹은 느리게 하고 있는지에 대해 알려줍니다.

활동의 평소 행동 점수가 높은 성향의 사람들은 집단에서 에너자이저와 같이 활발한 모습입니다. 다양하고 분명한 활동이 주어지길 바라고 많은 외부 활동, 결과가 나타나는 활동을 원합니다. 반대로 활동점수가 낮은 성향의 사람들은 낙천적이거나 매사 느긋하고 여유로운 모습으로 비춰질 수 있습니다. 침착하게 생각할 시간을 가지길 바라고 자신의 속도에 맞춰서 내가 움직이고 싶을 때 움직이기를 원합니다.

사고와 활동의 점수는 보통 반비례로 나타납니다. 활동의 평소 행동 점수가 높다면 신체에너지를 사용하는 데 신경을 더 쓰기 때문에 사고의 평소 행동 점수는 낮아지고 활동의 평소 행동 점수가 낮다면 효율적인 에너지 사용을 위해 사고의 점수가 높게 나옵니다. 물론, 둘 다 높거나 둘 다 낮을 수도 있습니다. 그런 사람들은 어떤 모습일까요? 둘 다 높은 사람은 "전 외근을 다니면서도 계속 그 다음 스텝을 생각하고 있어요."라고 이야기했고 둘 다 낮은 사람은 "개발을 주로 해서 활동적이지는 않지만 팀장으로써 빠른 결정을 해줘야 하죠. AI 같다고 말을 들어요. 자리에서 움직이지 않으면서 물어보는 건 즉각적으로 대답을 해주거든요."라고 했습니다.

4명의 팀원을 디브리핑해보겠습니다.

B와 D는 평소 행동과 욕구가 비슷한 양상으로 보입니다. 먼저, B는 신체에너지 레벨이 높아 하루 대부분을 활발하게 활동적으로 보냅니다. 누가 보더라도 열심히 일하는 모습이 있습니다. 욕구 또한 높은 편이라 이러한 신체에너지를 사용해 활동적으로 전력을 다하는 기회가 주어지고 여러 가지 할 일이 있다는 것을 자극으로 즐기

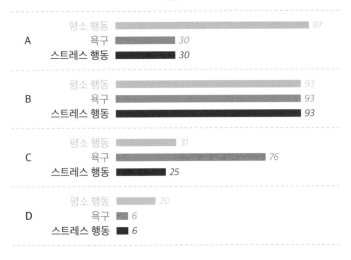

활동

A	평소 행동	97
	욕구	30
	스트레스 행동	30
B	평소 행동	93
	욕구	93
	스트레스 행동	93
C	평소 행동	31
	욕구	76
	스트레스 행동	25
D	평소 행동	20
	욕구	6
	스트레스 행동	6

기도 합니다. 만약 활동의 기회가 주어지지 않는다면 바쁘기 위해 바쁘고 생각 없이 행동하는 등의 에너지를 집중해서 효율적으로 사용하는 대신 낭비하는 식의 무모한 스트레스 행동을 하게 됩니다.

B와 같은 평소 행동을 보이는 A는 활동적이고 열심히 일하는 모습이지만 욕구가 낮은 편이기 때문에 신체에너지를 사용하다보면 왠지 모르게 지칩니다. 조용히 혼자 생각할 시간이 필요하기도 하고 다른 사람들의 과도한 요청에 '내가 알아서 움직이고 싶을 때 움직일 거야. 자꾸 재촉하지 마'라는 생각이 들기도 하며 가끔은 '스케줄을 많이 안 잡았으면 좋겠어'라며 피하고 싶은 마음이 들었다고 했습니다. 실제로 그런 욕구가 충족되지 않는다면 피로감을 느끼게 되어 지친 마음이 행동으로 나타나서 일을 뒤로 미루게 되고, 이런 에

너지의 부족으로 인한 스트레스 행동은 열정이 부족하거나 게으른 모습으로 비춰질 수도 있습니다.

D는 신체에너지의 효율적인 분배를 위해 깊이 생각하고 경청하는 자세를 보이기도 하는데, 이런 모습이 급한 거 없이 느긋하고 여유로운, 낙천적인 사람으로 보일 수 있습니다. 그래서 머릿속이 복잡한데 사람들에게선 매사 유유자적하는 듯 보이는 것이 억울하기도 합니다. 또한 신체에너지를 효율적으로 사용하기 위해 외출할 때 동선을 전부 짜서 가장 효율적으로 움직인다고 밝혔고 만약에 상황이 여의치 않으면 아예 나가지 않는다면서, 일을 미루는 자신의 행동이 스트레스 행동임을 알고 있었습니다.

C는 D처럼 평소 행동이 여유로워 보이지만 욕구의 점수는 반대여서 분주하고 다양한 일정을 소화하고 싶은 마음이 있습니다. 그래서 '심심한 건 싫으니 좀 많은 일이 주어졌으면 좋겠다.'라는 생각을 가지고 있다고 밝혔습니다. 이러한 마음을 몰라주고 C를 조용한 모습으로 이해하고 여유를 많이 주면 오히려 정신 사나울 정도로 특별한 목적이 없이 바쁘게 움직이는 스트레스 행동이 보여야 하는데, 스트레스 행동은 정반대로 나타납니다. 오히려 열정이 부족하고 게으른 모습을 보이게 되어 평소 행동과 스트레스 행동으로는 C의 욕구를 좀처럼 알기 힘든 상황이 발생하기도 합니다.

그래서 자신과 타인의 욕구를 유심히 관찰하고 지속적으로 보살펴줘야 합니다. 왜냐하면 업무나 관계에서 욕구를 이해받지 못하게 되면, 결국 이유도 모른 채 일방적인 스트레스 행동으로 바뀌면서 자신의 이미지와 평판을 깎아내릴 수 있기 때문입니다.

성향이 다르더라도 서로를 깊이 잘 이해하고 있으면 참으로 다행한 일인데, 만약 다른 성향의 팀장과 팀원이 존재하면서 그 상반된 관계를 틀렸다는 지적으로 일관하며 시너지를 낼 수 있는 관계로 발전시키지 못하게 된다면 그것은 너무나 안타까운 일입니다.

업무를 처리하는 스타일은 모두가 다르고 정답이 있지 않습니다. 어느 영업팀원은 '결국 정답은 숫자이고 숫자가 인격이다'라고 하신 적이 있습니다. 이 말에 옳고 그름을 말하고자 하는 것은 아니지만 그 숫자를 만들어 내는 방식은 그 모든 구성원들이 가장 잘하는 방법으로 진행되어야 마땅합니다. 그래서 타인의 욕구와 평소 행동을 연결해 사람을 이해하는 것을 꼭 염두에 두어야 하고 그의 스트레스 행동과 욕구의 연결 또한 중요한 징후로 여기고 관찰하는 것이 중요합니다.

체계 Structure 를
만들고 따르는 정도

전 큰 그림을 그려요!
작은 사람의 눈에는 보이지 않아요.

예시1

A는 회사 팀장이 지시를 할 때마다 많이 불편하고 뭐라고 하는지 도무지 알아들을 수가 없다. 반면 동료인 B는 팀장의 지시 스타일이 마음에 쏙 든다고 한다. 체 팀장은 자신의 이야기 화법이 달을 그리는 게 아니라 주변을 그리면서 달을 표현한다는 홍운탁월법이라고 하며 경계가 없는 두리뭉실한 지시가 자신의 큰 강점이라고 했다. 또한 자기 때는 하나부터 열까지 너무 꼼꼼하게 지시하고 외근을 나가도 일일이 보고를 해야 하는 것도 모자라 일일업무일지까지 작성하도록 하는 마이크로 매니지먼트를 당한 것이 너무 싫어서 자신은 안 그러겠다며 그냥 큰 그림만 던져주고 나머지

를 알아서 하도록 두는 것이 팀원에 대한 사랑이라고 한다.

예시2

내년도 사업계획발표는 한 해의 가장 중요한 행사? 아니, 중요한 회의이다. 보통 탑다운 top-down * 방식으로 자료작성을 한다. 계 실장은 큰 그림만 그려서 설명한다. 지시를 받은 팀장은 그걸 조금 구체화한 그림을 설명하고는 팀 담당자에게 일단 자료를 작성해보라고 한다. 팀 담당자는 팀원들에게 해당 자료를 뿌리고 각자 1~2장가량의 PPT를 작성해보라고 한다. 팀 담당자는 팀원들의 자료를 취합해 일부 수정 후 팀장에게 보고하고 팀장은 마음에 들 때까지 수정을 시켜서 결과물을 실장에게 들고 간다. 실장은 또 자기 마음에 들 때까지 팀장에게 수정을 시킨다. 이 끝나지 않을 듯한 반복을 거친 이후 모든 사업부가 모인 자리에서 발표를 하지만 사장은 자기가 생각한 그림은 이게 아니라며 처음부터 다시 자료를 만들라고 지시한다. "아니, 계 실장. 왜 이 큰 그림을 못 보는 거야?"

제 경험상 소통을 원하는 많은 사람들이 갈등을 보이는 컴포넌트 중에 빠지지 않는 것이 바로 '체계'입니다. 명확한 지시를 주고받기를 원하는지, 상세한 부분까지 터치하는 것을 원하는지, 상세함이나 포괄적인 부분에서 스스로 어떤 편안함을 느끼는지에 대한 지표를 나타내줍니다. 과거에는 '완고함'이라고도 불린 이 컴포넌트는 시

---

* 상의하달식의 방식. 결정권자가 의견을 지시하면 실무자들이 이행하는 방식이다.

스템과 절차를 따르는 것에 얼마나 확고한가, 그렇지 않은가를 나타냅니다. 한마디로 '절차'와 '고집'에 대한 이야기입니다. 우리가 알고 있는 바로 그 단어 그대로 이해하고 적용해도 괜찮습니다.

체계하면 어떤 것이 떠오르나요? 답답함? 정리정돈? 세부 사항? 고집불통? 효율적? 질서? 안정? 체계의 평소 행동 점수가 높은 사람들은 '마이크로 매니지먼트'와 같이 아주 세심하고 주의 깊게 계산해 움직이며 계획과 실행에 있어 꼼꼼한 면이 있습니다. 반면에 점수가 낮은 사람들은 융통성 있는 모습으로 포괄적인 계획과 함께 새로운 계획을 세우는데도 신속하고 어려움이 없는 면이 있습니다.

'이렇게까지 관리하는 게 필요할까?' 혹은 '왜 내 지시를 따르지 않지?'와 같은 생각에서만 머무르고 자신의 방식을 고집하기만 하면 성과와 소통이라는 그 다음 단계로 발전하지 못합니다. '내 스타일대로 모두 움직였으면 좋겠어'나 '내가 만든 틀 안에서 업무를 했으면 좋겠어'와 같은 마음가짐으로는 절대 원하는 곳으로 올라가지 못합니다.

이번엔 체계를 주제로 4명의 팀원을 살펴보겠습니다.

A는 평소에 체계적으로 일하고 세부 사항에 따른 지시를 잘 이행합니다. 계획적이고 계획을 세우고 실행함에 있어서도 꼼꼼한 모습을 보이며 통제를 하는 것에도 불편함이 없습니다. 팀 차원에서 조

체계

직적으로 지원해주기를 바라고 빈틈없이 요모조모 절차대로 말해주기를 바라고 있습니다. 그런데 예측 가능한 환경에서 벗어나거나 프로세서에 변화가 빈번해지면 시스템에 집착해 통제하거나 과거에 따랐던 선례를 엄격하게 지키려고 노력하는 행동을 보입니다. 이는 스트레스 행동으로 따지기 좋아하는 사람과 같이 보이게 됩니다.

반면 D는 어떨까요? 평소에도 유연한 스케줄을 소화하고 변화에 잘 적응하는 D는 새롭고 개방적인 업무도 잘 해결하는 모습을 보입니다. 조금 독단적으로 비춰질 때도 있다는데 그것은 큰 그림을 그리면서 융통성 있고 유연한 계획을 세워서 행동하기 때문입니다. 욕구 또한 밀착관리에서 벗어나서 대략의 일정이나 일상에서도 판에 박힌 생활은 최소한으로 하고 싶어 합니다. 만약 지나치게 통제하고 세부 사항까지 보고를 받고자 하는 사람을 만나면 오히려 절차나 룰의 중요성을 과소평가해서 최후의 순간까지 상황을 방치하거나 일을 마무리를 하지 못하거나 규칙에 오히려 반감을 가지는 스트레스 행동을 보입니다.

B는 평소 행동은 A와 같이 계획적이고 세부 사항을 잘 지키는 것 같이 보이나 오히려 자유롭고 통제를 받지 않는 업무환경을 바라고 있습니다. '아~ 미주알고주알 이야기하는 거 듣는 건 너무 피곤해'라는 생각은 평소 행동만으로는 알 수 없는 그의 욕구를 잘 나타냅니다. 자유롭고자 하는 욕구가 충족되지 않는 환경에서는 일을 미루는 사람으로 보일 수 있습니다.

C는 평소 D와 같이 변화에 잘 적응하고 유연한 환경을 소화해내는 것으로 보입니다. 그러나 속으로는 좀 더 세부 사항을 지시해주길 바라는 마음이 있습니다. '빈틈없이 요모조모 절차대로 이야기해주세요.'라든지 업무에 대한 조직적 지원 같은 것이 해결되지 않는 경우에 C의 스트레스 행동은 일을 미루는 모습으로 나타납니다. 그러나 평소 행동과 스트레스 행동만 봐서는 C가 좀 더 디테일한 지시를 원한다는 마음을 전혀 알 수가 없었기 때문에 업무에서 종종 답답한 마음이 들었다고 했습니다.

만약, 업무미팅이나 직원들과 회의를 할 때 자신의 말을 잘 못 알아듣는 것 같은 느낌이 들거나 실제로 이러한 피드백을 받은 적이 있다면 앞서 확인했던 '존중'의 컴포넌트 점수가 높거나 지금 이 '체계'의 점수가 낮은 성향의 사람일 가능성이 높습니다. 왜냐하면, 존중의 점수가 높은 성향의 특징인 두루뭉술하게 이야기하거나 체계의 점수가 낮은 성향의 특징인 상대가 큰 그림을 그릴 수 있도록 대충 이야기하고 업무를 지시했을 가능성이 높기 때문입니다.

팀장님이 바뀌면서 팀의 업무방식을 바꾸는 것이 마음에 들지 않았던 P라는 팀원이 있었습니다. 바뀐 팀장님의 버크만 결과는 알 수 없지만 코칭을 진행하며 들었던 에피소드를 미루어 짐작해 보면 아마도 체계의 점수가 아주 낮은 성향일 것 같다는 생각이 들었습니다.

P에게 자신의 경험치는 성공의 비결이었습니다. 여기까지 성공적으로 팀이 올 수 있었던 것은 기존의 시스템을 그대로 유지했기 때문인데 이걸 바꾸려고 하는 것이 마음에 들지 않았다고 합니다. 그래서 팀장님과 자주 부딪힐 수밖에 없었습니다. 자신이 예상하지 못한 부분에서 방식을 바꾸겠다고 통보할 때마다 다른 팀원들에 비해 가장 늦게 적응하는 모습을 보이는 등 소심한 저항도 했습니다. 그는 체계의 점수를 보고 나서 생각보다 높은 평소 행동 점수에 놀라워했고 기존의 방식을 고수하는 것이 나쁜 것은 아니지만 관계까지 무너트려서는 안 되겠다고 반성하며 조금 더 열린 마음으로 팀장님의 의견을 받아들이기로 했습니다.

숫자와 사무의 흥미에서 모두 높은 점수가 나왔지만 체계의 평소 행동과 욕구의 점수가 아주 낮게 나온 분도 계셨습니다. 어떤 스타일일까요? 그 분의 이야기로는 "체계적인 것을 좋아하긴 하지만 그렇게 살지는 않는다."였습니다. 뭔가 계획을 세우거나 일정을 짜는 것은 좋아하는데 막상 실생활에서는 그렇게 행동하지는 않고 또 타인에게서 뭔가 규칙적인 것을 강요받는 것도 좋아하지 않는다고 이야기했습니다.

그럼, '체계'의 점수가 높은 편인데 스스로 생각할 때 체계적이지 않다고 느끼는 사람은 어떨까요? 여러 가지 상황을 고려해봤음에도 불구하고 체계와 무관한 것 같은 생각이 든다면 이럴 경우에는 흥미와 묶어서 한번 생각해볼 수 있습니다. 특정 흥미에 한해서 구조화를 잘 하는 것으로 나타날 수 있습니다. 예를 들어 빨강의 흥미를 가지고 있다면 만드는 것이나 완성하는 것에 대한 구조화를 잘하고, 파랑의 흥미라면 자신의 아이디어를 구조화하는 것을 잘하고, 초록의 흥미라면 타인에게 영향력을 끼치는 행위에 대한 구조화를 중시할 수도 있습니다. 흥미에 대한 설명은 3장 4번째 글(149쪽)에서 더 이야기하겠습니다.

권위 Authority 에서
나타나는 자기 주장

쓴 약은 몸에라도 좋지만
쓴소리는 그냥 쓰기만 하다

예시1

권 팀장은 이번에 팀장으로 승진해 의욕적이다. 평소에도 자신의 의견을 표현하고 주장해야 하는 상황이 되면 고객과도 설전을 벌이는 것을 주저하지 않고 회의에서도 자신의 의견과 일치하지 않으면 숨김 없이 이야기하는 편이다. 그런데 얼마 전 부서장이 팀원들의 재택근무와 관련해 근태에 관해 좀 더 신경을 쓰라며 잔소리도 하라고 했는데 왜 그런지 모르게 불편한 마음이 들었다고 한다. 평소 스타일대로 쉽게 이야기할 수 있을 줄 알았던 부서장도 권 팀장이 주저하는 이유를 몰라 '팀원일 때가 생각나서 그랬나보다' 하고 여겼다는데 권 팀장은 그 때문만은 아닌 것 같아 자신도 답답하기만 하다.

예시2

위 팀장의 팀원은 모두 30명이다. 팀원의 수가 줄어들고 있는 요즘 추세에 비해 비교적 많은 편이다. 그는 20여 년 가까이 직장생활을 하면서 회의석상에서는 밀리면 안 된다는 것을 배웠다. 상대방 의견을 듣는 척하면서 자신의 의견을 설득시킬 수 있는 논리를 생각한다. 반박할 수 없는 논리를 펼치다보니 회의는 항상 길어진다.

많은 팀원 수만큼 팀원들의 개성도 다양하다. A팀원은 그런 티키타카를 즐기지만 대부분의 팀원들은 회의가 시작되면 입을 닫아버린다. 결국은 위 팀장이 원하는 대로 진행하기 때문이다. 열은 받지만 싸우기 싫어 오늘도 그냥 네네, 한다. 똥은 더러워서 피하는 거라고 배웠다. 위 팀장의 별명은 '답정너'인데 자기만 모른다.

이번 컴포넌트는 통제지향점에 대한 두 가지 요소 중 첫 번째인 '권위'입니다. 영향력을 행사하는 스타일, 즉 지배력에 대한 컴포넌트로 특히 말로 영향력을 행사할 때 얼마나 힘 있게 접근하는지 혹은 상대방을 설득하고 반박하는데 있어 어떠한 방식을 사용하는지를 보여줍니다. 권위의 점수는 관계에서 언어로 된 명령이나 지휘를 얼마나 잘 내리고 잘 따르는가 하는 문제와 연결됩니다.

권위 또한 행동이 확연하게 관찰되는 컴포넌트입니다. 회의 시간에 의견을 표현하고 주장해야 하는 상황에서 도드라지며 리더의 지배 성향과 더불어 친구, 연인, 부부 사이에서 소통과 대화의 고민거리 가운데 많은 이야깃거리가 있는 컴포넌트 또한 '권위'입니다. 권위의 평소 행동의 점수가 높은 사람들은 말로 자신의 의견을 공개적으로 표출합니다. 토론을 잘하고 지시적이고 명령하는 모습도 보입니다. 반면 평소 행동의 점수가 낮은 사람들은 민주적인 방식으로 결정하기를 선호하고 제안의 방식으로 이야기를 끌어가며 공개적 충돌을 꺼리는 모습을 보입니다. 욕구 점수가 높다면 내 말이 먹히는 환경, 자유롭게 생각을 말할 수 있는 분위기나 위계를 원하고, 욕구 점수가 낮다면 제안을 통한 협력적이고 즐거운 관계를 원합니다.

서로 다른 성향으로 구성된 팀의 상호작용을 한번 보겠습니다.

B와 E는 각자의 평소 행동과 욕구가 비슷합니다. B는 강한 경쟁을 피하지 않고 자기의 주장을 펼칠 때 의견을 주고받는 것을 잘합니다. 욕구 또한 토론이나 논쟁을 할 수 있는 기회가 주어지기를 바라고, 확실하게 지시하는 관리자가 되거나, 자신을 강력히 지시하는 리더가 존재하기를 바랍니다. "아니, 내일까지 해 놓으라고 분명히 말했을 텐데 지금까지 도대체 뭘 한 거야?"와 같은 식의 말을 거리낌 없이 하는 성향입니다. 평소 행동의 높은 점수와 같이 욕구 또한 높은 사람이라 팀원에게 쓴 소리도 거침없이 할 수 있고 상대방도 자신에게 할 말 다하는 것을 바라고 있습니다.

만약 B 앞에서 의견을 말하지 않거나 무관심하게 반응하면 공격적으로 논쟁하며 도발해서 대화의 실효성을 잃어버리게 되는 스트레스 행동을 하게 됩니다. B는 팀원이면서도 윗사람을 가르치려 들고 말싸움하려 한다는 이야기를 종종 들었는데 이게 자신의 스트레스 행동임을 몰랐다며 이제는 자신의 욕구를 잘 돌봐야겠다고 했습니다. 권위의 스트레스 점수가 높은 성향의 사람들은 '맞짱'이라는 키워드로 표현되기도 합니다.

E는 대화할 때 유연하고 부드러운 모습으로 경청하고 제안의 방식으로 이야기를 주도하며 공격적이지 않습니다. 욕구 면에서도 협력적이며 즐거운 관계나 제안의 형태를 갖춘 관리를 바라고 있습니다. 그래서 상대방이 대화에 협력적이지 않고 도리어 강력하게 지시하며 자기주장을 강하게 펼치면 이야기를 하지 않거나 의견 대립을

피하는 회피의 경향이 있습니다. 특히 타인에게 적극적으로 지시하는 것을 불편하게 느낍니다.

앞선 예시의 권 팀장은 겉으로는 권위적이고 말로써의 지배력이 강한 평소 행동을 보이지만 욕구가 아주 낮은 사람이었습니다. 그래서 편안하게 대화하기를 선호해서 부서장이 지시한 "직원을 잡아라."라는 말이 불편했던 것입니다. 그러니 욕구를 아는 것이 얼마나 중요한가를 알 수 있는 대목이기도 합니다.

D를 살펴보면 평소에는 제안 형식의 유연한 대화방식을 사용하지만 '내 말이 먹히는 환경'이 있기를 바라며 확고하고 강력한 권위 있는 지시를 하는 환경이 조성되길 바라고 있습니다. 반면 욕구와 스트레스 행동도 정반대라서 스트레스 행동에서는 공개적인 의견대립을 피하거나 자기주장을 하지 않는 행동을 보이게 됩니다. 그러니까 평소 행동과 스트레스 행동으로는 그의 욕구가 전혀 보이지 않았고 스트레스 행동 또한 드러나지 않는 바람에 주변에서는 D가 스트레스 행동을 하고 있음을 모르고 지나치는 경우가 많았다고 했습니다.

또한, A는 평소에는 지시를 하는 강력한 모습으로 토론을 즐기지만 사실 협력적이며 격식이 없는 대화를 원합니다. 그러나 자신의 평소 모습을 보면서 사람들이 공격적으로 이야기를 끌어나가면 A는 다시 공격적으로 논쟁을 하는 스트레스 행동을 보이게 됩니다. 지시하거나 말로 쏘아붙이는 건 원래 자신이 원하는 모습이 아닌데 스트레스 행동에서 도발적으로 말하는 성향이 생긴다는 사실을 알게 된 점이 다행이라고 하였습니다. 팀에서 볼 때는 자신이 좋은 의도로 말할 때도 다소 논쟁적인 데다가 화가 났을 때조차 거침없이 공격적으로 이야기하는 일이 많아 자신의 평소 행동에 오해가 많아 답답했는데 진단 결과를 보고 왜 자신이 그렇게 행동했는지 알게 되었다며 기뻐했습니다.

C는 평소 자신이 원하는 것과 타인에게 보이는 자기 모습이 정반대로 나온 것에 대해 잘 인지할 수 있는 시간이었다고 했습니다. 제안을 하는 성향으로 행동하고 있지만 욕구는 위계에 대한 질서, 토론하고 논쟁하는 것에 대한 기회가 주어지기를 바라는 마음이 있기 때문입니다. 그래서 팀원들이 자신에게 똑같은 방식으로 대해주는 것에 불만이 있었다고 했습니다. C의 욕구가 충족되지 않았을 때는 자신의 생각을 거침없이 말하면서 도발적이고 거만한 모습으로 논쟁을 하는 스트레스 행동을 보일 수 있습니다.

권위에 대한 각자의 이해도가 없다면, 섭섭함이나 불편함이 이유도 모른 채 쌓이면서 결국 업무나 관계에서 자신이 의도하지 않는 방식으로 결과가 나오게 됩니다. 특히나 권위의 스트레스 행동 점수가 낮다면 회피하기 때문에 눈에 보이지 않아 상대의 말에 상처받았다는 것을 모르고 그냥 지나칠 수 있습니다.

간혹 "전 절대 지시하는 사람이 아닌데 결과가 이상한데요?" 하고 질문하는 리더도 있습니다. 이럴 땐 "아마도 팀원들은 팀장님이 무엇을 원하고 있는지 모를 수가 없을 것 같아요."라고 말합니다. 그러면 "네, 대부분은 제 의도를 잘 파악하고 있죠."라는 답변이 돌아오는데, 이는 자신이 의도하는 바를 정확히 피력하는 것을 불편해하지 않고 내가 하는 말을 상대방이 확실히 이해하고 있다는 마음이 든 상황입니다. 즉 이 리더는 권위의 점수가 높은 성향의 사람일 것입니다.

  지시의 형태도 어떤 스탠스로 이야기하느냐에 따라 받아들이는 정도가 다릅니다. 어떤 팀장님께서 권위의 점수가 아주 높게 나왔는데 팀원들이 그런 팀장님이 아니라며 오히려 의아한 적도 있습니다. 그래서 어떤 식으로 업무분장을 하느냐고 여쭤봤더니 "오늘 저녁까지 완료해주면 좋겠는데 할 수 있나요?"라는 식으로 지시한다고 했습니다. 말투가 강하지 않고 청유형이라서 강력한 지시를 하는 것을 그동안 모르고 지낸 것입니다. 의외로 청유형 지시를 제안이라고 오해하면서 사용하고 있는 경우가 많습니다. 제안은 "어떤 방식으로 진행하면 좋을지 의견을 내서 좋은 걸 선택해 보죠." 라든지 "업무는 언제까지 할 수 있을까요?"와 같이 결정이나 데드라인 설정은 최종 실행자가 하는 방식입니다. 이유가 밝혀지자 팀원은 물론 팀장님 또한 이 사실에 재미있어 했고 다만, 업무 지시에 대한 지배력이 사람에 대한 지배로 옮겨가지 않도록 조심한다고 했습니다.

8

이익Advantage에 대한 보상과 가치

팀을 위한다는 말로 위로하지 말아요.

예시1

플랫폼 개발 회사에 근무하는 이 팀장은 직장생활에서는 협동적이고 헌신하는 모습이 당연하다고 생각한다. 자신이 속한 부서 업무를 누가 시키지 않아도 가능한 많이 처리하고 부서 전체가 잘되는 일이라면 궂은일도 마다하지 않는 편이다. 그런데 팀원들과는 생각이 조금 달라 불편하다.

팀원들은 업무량에 불만이 있는 것은 아니지만 경쟁력 있는 팀으로써 회사의 눈에 드는 일을 해야 인정도 받고 성과급도 받을 수 있다고 생각한다. 그래서 제발 매번 일하는 게 티도 안나는 그런 일을 갖고 오지 않았으면 한다. 외부협력회의만 하고 오면 뜻하지 않게 크리스마스가 된다면서 무슨 선물꾸러미같이 업무를 잔뜩

들고 온다고 푸념이다.

그렇지만 이 팀장은 평소에도 자주 무형의 가치를 강조하고 "같은 회사에서 하는 일인데 누가 하면 어때요?"라고 말한다. 팀원들은 이를 인정하기가 어렵다.

예시2

익 부장은 세대 간 대립이 심하다는 뉴스를 자주 본다. 평소에 다른 세대를 보지 못해서 잘 와닿지 않다가도 회사에서 직급간의 업무 처리 형태가 마치 대립처럼 느껴지는 상황을 마주하면서 이해되기도 한다. 사원, 대리들과 이야기를 나눠보면 준 만큼만 일한다는 말을 하는 직원도 있지만 타 팀장들이 받아 오기 힘들어 하는 일을 회의 때 번쩍 손을 들어서 받아온 팀장을 반기는 팀원들이 있기도 한 다양한 모습을 보면서 어떤 접근이 과연 옳은지 문득 궁금해지기도 한다.

통제지향점의 두 번째 컴포넌트인 '이익'은 우리가 무엇을 위해 노력하는지를 설명할 때 좋은 지표가 되며 사람들이 정말로 원하는 보상동기를 아는데 도움이 됩니다. 개인이 자신의 이익과 팀의 이익 가운데 어떤 것을 더 우선시하는지를 나타내고, 보상과 경쟁에서 이익으로 어떻게 접근하는지를 알 수 있습니다.

내가 원하는 것을 갖고자 하는 마음은 사람마다 다를 수 있고 그것은 돈이나 개인적인 명예일수도 있으며 우리가 사는 세상을 더 좋은 곳으로 만들고 싶거나 모든 이들이 함께 공동의 목표를 이루는 것을 원할 수도 있습니다. 또한 어떤 사람은 이익 분배에 대한 이야기를 할 때 결과물에 대한 공평한 분배가 옳다고 생각할 수 있습니다. 즉 N명의 사람들이 1/N로 나누는 것이 옳다고 생각하는 것이지요. 반면에 내 기여도가 높다면 더 많이 받는 게 공평하다며 공정함을 강조하는 사람도 있습니다. 이는 흥정이나 연봉협상에서 얼마나 편하고 불편해 하는지로도 나타납니다.

어떤 가치에 옳고 그름을 강조하는 순간 논쟁이 되어 버리고 관점이 흐려지게 됩니다. 어느 한쪽이 옳다고 말하기보다 나는 가치를 어떻게 정의하고 있는지, 타인은 나의 정의와 얼마나 다른지를 알아보는 데 집중해야 합니다. 특히 이익의 점수를 이해할 때는 사회 속에서 개인들이 갖는 특성일 뿐 개인의 도덕성이나 삶에 대한 태도와 연결시켜서 이해하지 말아야 합니다. 어떤 워크숍에서 "아니~ 그런데, 쟤는 욕구가 왜 저래요? 잘못된 것 아니예요?"라는 질문을 하신 분이 계셨는데 욕구를 부정하거나 잘못되었다고 말하는 것은 개인의 아이덴티티를 부정하는 것이라 조심할 필요가 있습니다. 마치, 땅속 깊숙이 튼튼하게 자리잡고 있는 나무의 뿌리 모양을 탓하는 격이라고나 할까요? 우리의 욕구는 모두가 다른 형태로 자신을 굳건히 지탱하고 있으며 옳고 그름이 없습니다.

예시 1에서 이 팀장은 이익에 대한 평소 행동과 욕구 모두 낮아서 "같은 회사에서 하는 일인데 누가 하면 어때? 우리가 궂은일을 도맡아하는 해결사 팀이 되면 좋잖아."라고 이야기하는 상황이 자주 발생한다고 했습니다. 팀 구성원들의 반응을 보면 그와는 반대되는 반응들이 보입니다. 평소 행동과 욕구 모두 높은 팀원이라면 대놓고 불만을 이야기했을 것이고, 평소 행동은 팀장님과 비슷하지만 욕구만 높은 팀원은 은근하게 자신의 의견을 말했을 것입니다.

이런 관계 속에서 "지난번에도 잘 해줬으니까 이번 건도 부탁해."라는 업무지시를 한두 번이 아니라 지속적으로 내리면 팀장은 영문도 모르는 채 다른 팀으로 보내 달라는 팀원을 면담하게 될 수도 있을 것입니다. '아니, 왜 이제껏 잘하던 개가 갑자기 팀을 옮겨 달라고 하지?' 하고 궁금해하지만 팀장의 생각과는 달리 팀원에게는 갑자기 내린 결정이 아닙니다. 오랫동안 섭섭한 마음이 행동으로 옮겨진 것입니다.

버크만 코리아에서 차세대 리더들을 대상으로 리더십에 관한 디브리핑을 실시했는데, MZ세대의 많은 이야기들과는 달리 대부분의 젊은 리더들은 이익에 관한 평소 행동 점수가 낮았다고 합니다. 그들의 점수는 '3요(이걸요?, 제가요?, 왜요?)'를 외치며 개인의 이익을 우선시하는 특정한 모습으로 정의된 결과가 아니었습니다. 반면에 눈에 보이지 않는 욕구는 높은 편이라 "이러다 에너지가 방전될 수도 있어요."라는 조언에도 "열심히 하면 충분히 보상을 받을 거예요."라고 답했다고 합니다. 이들은 오래 전에도 열심히, 많은 일을 해왔고 어제도 그랬고 지금도 많이 하고 있을 것입니다. 이들이 바라는 가치를 제대로 읽어주지 않으면 회사와 직원 모두가 힘든 상황을 맞이하게 될지도 모릅니다.

이번에는 팀원 넷의 이익 컴포넌트를 살펴보겠습니다.

A는 평소 행동에서도 경쟁적으로 보이는 사람입니다. 내가 일한 가치에 대한 등가교환이 꼭 이뤄져야 한다고 말하며 아주 현실주의적입니다. 금전적인 보상에서부터 과도한 칭찬에 이르기까지 자신이 일한 가치에 대한 충분한 보상을 요구하기 때문에 영업 제안을 하거나 고객과의 협상, 사내에서의 연봉협상까지 불편함을 느끼지 않습니다. 욕구 또한 높아 경쟁적인 관계에서 이익이 보장되고 정확한 성과측정의 수단이 있어서 구체적인 보상이 지급되기를 바랍니다. 적합한 환경이 제공되지 않을 때는 기회주의적인 모습을 보이며,

확실하게 보상 받는 일에 집중하거나 오로지 이기는 것에만 큰 의미를 부여하게 되는 스트레스 행동을 보일 수 있습니다.

D는 앞서 예시에 나왔던 팀장과 비슷한 모습일 것입니다. 이 분은 실제로 팀워크에 많은 가치를 두고 우리 팀이 잘 한다면 언젠가는 사람들이 알아줄 것이라는 마음을 가지고 있어 이익의 측면에서 때론 이상주의자 같기도 합니다. 협동을 강조하며 사내에서도 '좋은 게 좋은 거야'라는 말을 자주 합니다. 기여라는 측면에서 타인에게 봉사하고 일 자체의 유용성에 관심이 많습니다. 따라서 눈에 보이는 결과물을 경쟁적으로 챙기는 환경에 놓이면 자신이 응당 가져야 할 이익에 대한 가치를 소홀히 생각하거나 과도하게 희생하기도 하고 마땅히 흥정에 과도하게 힘들어 하는 스트레스 행동을 보일 수 있습니다.

그러나 이익의 평소 행동 점수가 낮아도 회사에서 아주 승부욕이 있고 경쟁심이 강한 캐릭터로 보이는 사람도 있습니다. 이 경우, 다른 컴포넌트와 엮어서 확인을 해보니 '권위'와 '활동'의 점수가 모두 높았습니다. 그래서 회사 내에서 직설적이고 열정적으로 움직이는 모습이 경쟁적이거나 정치적으로 보인 것입니다. 지금은 컴포넌트를 하나씩 보고 있지만 단편적인 정보로는 모든 상황에 대한 설명이 어렵습니다. 따라서 실제로 버크만 진단을 받을 때에는 여러 컴포넌트들을 묶어서 이해하며 사람들의 많은 오해가 풀리게 됩니다.

C는 평소 팀 내에서 배신감이나 억울함이 많았고 인정받지 못한다는 생각이 많이 든다고 했습니다. 평소에도 협동적이고 헌신적인 모습으로 회사생활을 하고 있었기에 자신도 이익에 대한 욕구가 이렇게 강한지 몰랐다고 했습니다. 상과 칭찬을 특별히 좋아하는 자신의 모습을 보면서 "왜 쟤는 팀이 하자고 하는 대로 잘 하는데 너만 유별나니?"라며 자주 혼났던 것들이 스트레스 행동에서 기인된 것임을 깨달았다고 했습니다. C와 같은 사람들은 불쑥 튀어나오는 억울함이 쌓이게 되면 결국 회사를 떠나게 됩니다. 자신의 욕구를 알지도 못한 채 무언가 계속 가슴속에 울분만 쌓이게 되어 회사와 상사를 신뢰하지 않고 결국은 퇴사를 하게 되는 것이지요. 그래서 이러한 분들을 잘 살펴볼 수 있어야 합니다.

B는 평소 행동과 욕구 모두 팀을 위하고 팀워크를 위해 일하고자 하는 모습을 가지고 있습니다. 따라서 팀 위주의 결정을 하는 이상적인 모습을 반영하고 있습니다만, 만약 개인 성과를 강조하고 표를 만들어 개인성과를 측정하는 목표치를 두는 상황이 지속되면 스트레스 행동으로 옮겨가서 단체의 이익에 대한 헌신이 없어지고 기회주의적인 모습을 보이게 됩니다. 자신은 모두가 다 잘되는 상황에서 팀을 위해 협동하고 헌신하는 모습과 경쟁구도를 싫어함에도 불구하고 충족되지 않은 욕구에 따른 스트레스 행동으로 인한 주변의 오해가 발생할 수 있습니다. 이익의 평소 행동과 욕구 모두 높은 성향인 A와 같은 사람들은 수완이 좋기 때문에 주변에 억울한 일이 없도록 한번씩 돌아보는 여유가 필요합니다. 반면 D처럼 평소 행동과 욕

구 모두 낮은 성향의 사람들은 자기 것을 챙기는 수완이 부족할 수 있으니 의식적으로 자기 밥그릇을 잘 챙기려는 노력도 필요합니다.

,

변화Change는
새로운 경험에서의 편안함

까라면 까라! 싫다, 니가 까라!
아니면 알고나 까자.

예시1

변 과장은 회사에서 새로 만든 팀에 합류하게 되었다. 이미 그 팀의 팀장으로 옮겨가면서 직무변경을 하라는 지시를 받고 팀원과 함께 기획안을 작성하고 시장조사를 끝냈다. 그런데, 갑자기 회사 내부사정으로 프로젝트가 무기한으로 연기되면서 사실상 취소되었으니 원래의 팀으로 복귀하라는 통보를 받았다. 이게 무슨 일인가 싶어 허탈하고 이 상황을 받아들이기 어렵기만 하다.

예시2

요즘 들어 회사는 TFT를 유독 많이 만든다. 새로운 시대변화에 맞춰서 가고는 싶은데 돈은 아끼고 싶으니 기존 사원들을 데려다가 TFT를 만들어 운영하는 것이다. 현재 팀에 안주해서 잘 지내고 있는 팀원은 가기 싫어하고 현재 팀에 적응하기 힘들어 하거나 새로운 업무를 하고 싶은 팀원은 가고 싶어 한다. 화 과장은 팀장이 개인적으로 한 인사이동 부탁에 정말 난처하다. 어쩔 수 없이 가려고 해도 TFT의 프로젝트가 빠르게 여러 업무를 쳐내야 하는 스타일이라 자신과는 맞지 않지만 안 가자니 남아서 팀장이랑 껄끄러울 것 같다. 팀장은 본인 의지가 가장 중요하다고 했지만 화 과장은 집에 가서도 잠이 오지 않는다.

변화지향점인 '변화' 컴포넌트는 유연성, 융통성과 관련됩니다. 새로운 경험을 얼마나 잘 받아들이는지, 관심사의 전환, 집중이나 주의를 변경하는 모습이 어떠한지에 대해 설명합니다. 곧 의외성, 변수가 있는 일정에 대해 얼마나 편하게 여기는지, 혹은 일의 우선순위를 바꾸는 것에 있어서 얼마나 잘 받아들이는가 하는 문제에 대한 이야기입니다. 변화 컴포넌트를 통해 외부에서 발생되는 예상치 못한 변화에 대해 자신이 어떻게 대처하는지를 알 수 있습니다. 이 내용을 바탕으로 팀장과 팀원의 업무지시가 있을 시에 어떠한 방식으로 접근하면 되는지 좋은 지침으로 활용할 수 있습니다.

변화의 평소 행동 점수가 높은 성향의 사람들은 새로운 경험에 대해 자극을 받고 한 번에 여러 가지 일을 하는 것을 선호하고 늘 새로운 것을 시작할 준비가 되어 있기도 합니다. 물론, 멀티태스킹의 업무적 효율성에 대한 옳고 그름을 이야기하려는 것이 아닙니다. 다만, 변화의 평소 행동 점수가 높은 사람들은 새로운 것에 자극을 받고 이러한 자극이 업무에서의 에너지를 올리고 있음은 분명한 일입니다. 반면 변화의 평소 행동 점수가 낮은 성향의 사람들은 몰입해 업무를 처리하고 방해가 되는 요소들이 있다면 의도적으로 멀리해 순서대로 일처리를 해 나가고 쉽게 산만해지지 않으며 집중이 흐트러지는 것을 원하지 않습니다.

욕구의 점수가 높다면 '난 내가 가진 능력보다 더 새로운 일을 할 수 있어'다고 생각합니다. 그래서 반복적인 루틴에서 벗어나는 환경이나 새로운 관심이 생기게 되면 우선순위를 바꿀 수 있는 환경이 제공되기를 바랍니다. 항상 같은 방식으로 업무처리를 하며 지루하게 되거나 다양한 활동이 제공되지 않으면 집중하기 어려워지고 결과물에 대해 빠른 독촉을 하게 됩니다. 팀원 간 업무협업이 진행되는 동안 팀원이 자신에게 던져줘야 하는 업무가 오지 않을 때 언제 주는지 독촉하고 지체되면 화를 내거나 산만한 모습으로 비춰질 수 있습니다. 반면 욕구의 점수가 낮다면 하나의 과제가 있을 때 마무리될 때까지 집중할 수 있고 예측 가능한 환경이 제공되기를 바랍니다. 업무방식을 바꾸기 전에 자신에게도 새로운 방식을 고려하거나 의견을 말할 수 있는 기회가 주어지기를 원해서, 새로운 것을 요청받거나 집중을 변경해야 할 때면 과도하게 집중하고 필요한 변화조

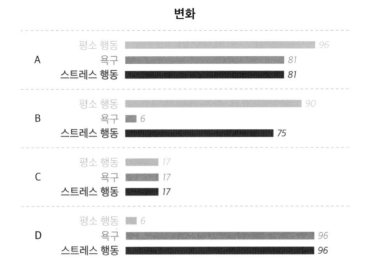

변화

A	평소 행동	96
	욕구	81
	스트레스 행동	81
B	평소 행동	90
	욕구	6
	스트레스 행동	75
C	평소 행동	17
	욕구	17
	스트레스 행동	17
D	평소 행동	6
	욕구	96
	스트레스 행동	96

차 거부하는 것처럼 비춰질 수 있습니다.

변화 컴포넌트를 중심으로 4명의 팀원들을 만나보겠습니다.

A는 평소에 업무를 볼 때도 동시에 여러 가지 일하기를 힘들어 하지 않고 오히려 즐기기까지 한다고 이야기합니다. 동료들이 책상을 볼 때마다 어떻게 이렇게 해놓고 일할 수 있냐고 하지만 정작 A는 자신만의 정리가 되어 있고 어떤 업무라도 새로운 것을 시작할 준비가 되어 있습니다. 또한 새롭고 자신의 관심을 끄는 것들에 대한 일들에 대해서 자극을 받고 생동감을 느낄 수 있으며 내가 가진 능력보다 더 새로운 일을 잘 해낼 수 있다고 여깁니다.

새로운 관심이 생긴다면 우선순위를 바꿔서 일을 하는 것도 어렵지 않지만 지루한 업무나 오랫동안 하나의 일에 집중해서 처리해야 할 때 도무지 집중하지 못합니다. 일이 늘어지면 화를 내는 스트레스 행동을 보입니다. 협업 프로젝트에서 욕구의 점수가 높은 사람들은 "앞 사람의 일이 끝나야 나에게 오는데 딱딱 맞춰서 오지 않으면 화가 나요. 그렇게 되면 언제 줄 것인지 확인하면서 오히려 집중도 안 되고 산만해 지는 것 같아요."라고 말합니다.

C는 이와는 반대로 한 번에 한 가지씩 순서대로 목표를 달성하고 업무를 해나갈 때도 쉽게 산만해지지 않고 몰입해서 일을 처리합니다. "일단, 지시가 떨어지면 그 일이 끝날 때까지 집중해서 진행하고 싶습니다. 그리고, 만약에 변화가 생긴다면 통보식이 아니라 제 의견을 이야기할 수 있으면 좋겠습니다. 그렇다고 제가 그 변화를 따라가지 못한다는 말은 아닙니다." 즉 변화를 받아들이지 못하는 것은 아니지만 업무에 변화가 생기면 그 방식을 바꾸기 전에 충분히 새로운 방식을 고려할 시간이 필요하고 자신에게도 의견을 제시할 기회가 있기를 바랍니다. 이러한 과정이 없다면 변화를 받아들이지 못하거나 필요한 변화조차 거부하며 유연성을 발휘하지 못합니다. 나름대로의 방법으로 태업하는 등 스트레스 행동도 보입니다.

D도 C와 마찬가지로 업무에 몰입을 잘 하지만 사실은 좀 더 다양한 업무의 기회를 갖거나 활동에서의 변화가 제공되는 팀에서 일하며 반복적인 일상생활에서 좀 벗어나고 싶어 하는 마음이 컸습니다.

그래서 이러한 환경이 제공되지 않아 답답한 마음이 들 때 종종 산만해지고 화를 내는 스트레스 행동을 보이곤 했습니다. 이를 모르는 주변에서는 잘 하다가 왜 한 번씩 삐그덕대냐며 핀잔하는데, D는 자신이 이런 욕구를 가지고 있음을 알고 나서 훨씬 마음이 편해졌다고 합니다.

B는 평소 행동을 보면 아주 바쁘게 여러 업무를 동시에 하면서 새로운 일에도 두려움 없이 멀티태스킹을 아주 잘 하는 사람으로 보입니다. 그렇지만 보이지 않는 욕구의 점수는 아주 낮아서 늘 자신의 일이 힘에 부치는 기분이 많이 들었다고 합니다. 너무 많은 업무를 소화해야 하는 까닭에 이것저것 처리하고 있지만 정작 속마음은 하나를 온전히 끝내고 다음으로 넘어갔으면 좋겠다고 했습니다. 최근에 이와 비슷한 사례로 업무에서 번아웃을 느끼기도 했는데 그 이유를 찾은 것 같다며, 자신의 욕구를 돌볼 수 있는 방법을 고민해보겠다고 하였습니다.

다른 모든 컴포넌트들도 마찬가지겠지만 스트레스 행동을 관찰해보면 좋게 보이거나 효과적인 결과가 나오는 행동들은 하나도 없습니다. 오히려 우리의 평판이나 관계에서 마이너스가 됨에도 불구하고 우리는 왜 이런 부정적인 반응들을 하게 될까요? 그것은 바로 내가 가진 욕구를 돌보는 일을 소홀히 하고 내가 평소에 하는 행동들인 강점을 자신이라고 믿고 있음에서 생길 수 있는 부조화 때문입니다. 이러한 간극이 클수록 나 자신과 상대를 제대로 바라볼 수 없습니다. 또한, 자신의 욕구조차 제대로 모르는 경우가 허다하기 때문에 오해가 생기고 올바른 소통이 어려웠던 것입니다.

입버릇처럼 "나는 도저히 저 사람을 모르겠다."에서 끝나버리는 것은 그 사람을 진짜 이해하고자 하는 마음에서 나오는 말이 아닙니다. 그냥, 모르는 채로 살아도 별로 불편함이 없으니 그냥 그렇게 지내겠다. 일 수 있습니다. 지금부터는 사람을 평가하고 판단할 때 나무의 줄기에 해당하는 평소 행동이나 스트레스 행동에 치중하지 말고 관찰할 수 없는 뿌리에 해당하는 욕구라는 단어가 주는 커다란 힘에 관심을 가져보시길 바랍니다.

자유Freedom롭게
드러내는 나의 개성

자유를 즐기고 싶은 제 마음이 보이시나요?

예시1

자 대리는 작년에 회사를 이직하고 나서 가장 많이 듣는 이야기가 "왜 기존의 시스템을 따르지 않느냐?"이다. 대기업에서 근무하며 전통적인 룰을 선호하고 자신의 독창성이 인정되지 않는 업무 환경에서 벗어나고 싶어 이직을 했는데 개성을 표현하고 새로운 아이디어를 적용하는 행위가 인정되지 않는 부분에서 스트레스가 많다.

예시2

유 팀장은 팀장을 맡은 이후 팀원들을 믿고 근태와 관련한 말은 일절 하지 않았다. 하지만 재택 실시 이후 대부분은 알아서 잘 하지만, 연락도 받지 않고 메일 확인도 안 하고 업무도 딜레이가 되는 상황이 생길 때가 있다. 결국 어쩔 수 없이 팀 그라운드 룰을 정해서 공지하고 보고용 표준 양식을 전달하여 사용하기로 했다. 자유롭게 업무를 보고하던 팀원들은 무슨 일인가 싶어서 약간의 불만이 섞인 채로 시작하게 되었지만 그라운드 룰을 적용하면서 오히려 일관성이 있어 좋다는 의견에 다소 의아함까지 느꼈다.

이어서 소개할 마지막 두 가지 컴포넌트는 버크만 진단에서만 확인할 수 있는 개인의 독특한 성향입니다. 이는 직접적인 질문으로 확인하지 않고, 버크만 진단만이 가지고 있는 알고리즘에 의해 생성됩니다.

'자유' 컴포넌트는 진단 문항에 대한 답할 때 어떤 응답 패턴을 가지고 있었는가를 확인하여 나온 지표입니다. 다른 여러 가지 컴포넌트의 질문에 대한 답을 할 때 얼마나 '평범한가?', '평범하지 않은가?' 하는 것에 초점을 두어 상투적으로 대답했는지 하지 않았는지를 확인해 나의 개성과 독창성, 사고와 행동의 독립성을 말해줍니다. 즉 '보편타당한 가치를 따르는가?', '안정적인가? 아니면 독창적인 방식을 추구하는가?', '개성을 보이는가?' 하는 문제에 대한 값이자 익숙함에 어떻게 반응하는지를 나타냅니다.

사회적인 제약에서 벗어나서 개성을 느끼고 표현하는 정도를 나타내는 요소이기 때문에 '이런 방식을 추구하는 데는 이유가 있을 거야'라고 생각하는 사람과 '이런 수고를 대체 왜 하는 거야?'라고 생각하는 사람들 간의 차이를 보여줄 수 있습니다. 자유의 평소 행동 점수가 높은 사람들은 개성을 드러내는 것을 좋아하거나 자신만의 방식을 시도하는 것을 두려워하지 않으며 개인의 자유가 훼손되는 것을 싫어합니다. 통제에서 벗어난 자유로움이 보장되기를 원하지요. 반면 평소 행동 점수가 낮은 사람들이라면 대부분의 사람들의 생각을 이해하고 전통적인 것을 선호하며 기존의 방식에서 벗어나지 않는 범위 내에서 행동을 할 가능성이 높습니다. 이들은 미리 공지된 상황과 예측 가능한 환경이나 일정한 장소에 질서정연하게 규칙과 절차를 따르는 것을 좋아합니다.

자유의 스트레스 행동 점수가 높은 사람들은 생각이나 행동을 예측하기 어렵고 전혀 엉뚱한 방식으로 비생산적인 행동을 하는 스트레스 행동을 할 수 있고, 낮다면 과거의 관습에 지나치게 얽매이려고 하거나 룰을 무조건 따르고 신박한 방식에 대한 무조건적 반항이 생길 수 있습니다. 자유는 체계와 헷갈리면 안 됩니다. 체계는 구조화되어 있는 시스템을 말하는 요소이고 자유는 그 속에서 나의 개성이나 독특함을 말하는 요소입니다. 룰을 따르는 모습 속에서도 얼마나 자신의 독창성을 발휘하는지를 알아보는 특성으로 이해하면 됩니다.

다양한 자유 점수를 가진 4명의 팀원들을 한번 살펴보겠습니다.

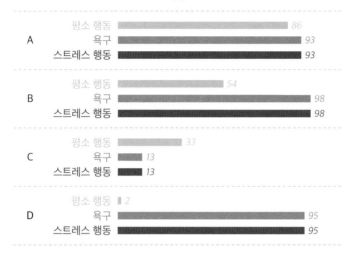

자유

A	평소 행동	86
	욕구	93
	스트레스 행동	93
B	평소 행동	54
	욕구	98
	스트레스 행동	98
C	평소 행동	33
	욕구	13
	스트레스 행동	13
D	평소 행동	2
	욕구	95
	스트레스 행동	95

A는 독립적이고 자신만의 방식대로 행동하는 것을 즐깁니다. 자유라는 단어를 보는 순간 청량함이 들고 기분이 상쾌해지는 것 같다고 말하며 개성이 강한 의외성을 즐기기도 합니다. 대부분의 사람들이 어떻게 행동하는지 특별히 관심이 없고 행동과 생각에서 자유로운 환경을 원합니다. 통제가 심하다고 생각이 들면 중구난방 식으로 행동을 해서 정신 사나운 모습이 보이거나 평소에는 전혀 상상도 하지 못했던 행동을 하거나 반항적인 모습을 보이는 스트레스 행동이 나타날 수 있습니다.

C는 자유라는 말을 들으면 왠지 경계가 없는 넓은 벌판이 연상된다고 하며 팀이 어떠한 방향으로 나아가는지 이해가 되는 상황에서 업무가 진행되기를 원했습니다. 회사에서 사규를 찾아 규칙 내에서

117

업무를 진행하고 정해진 패턴에서 벗어나지 않는 범위 내에서 행동합니다. 패턴이 일정하고 관리에 따르는 모습으로, 자신의 개성이 뚜렷이 드러나지 않는 것을 선호합니다. C가 일관성 없이 자신만의 방식으로 뜬금없이 접근하는 사람을 만나면 오히려 더욱더 내규에 따라 행동하고자 하는 스트레스 행동을 보인다고 합니다.

B는 평소 두 가지의 방식을 골고루 분배해 사용하고 있지만 그의 욕구를 보면 자신의 개성을 드러내고 독특함을 표현하고자 하는 마음이 강합니다. D 또한 한결같음을 추구하고는 있으나 속으로는 자신의 개성을 드러내며 독창성을 표현하고 싶은 마음과 자유로움을 원하고 있습니다. 평소 행동으로는 사람들이 알기 어려웠겠지만 항상 마음속에는 자기 표현에 대한 자유로움과 개성을 꿈꾸고 있었다고 말하기도 하였습니다.

특히, 자유의 컴포넌트는 자신의 모습이 정확하게 표현된 수치라고 강조하면서 자신의 예측불가능한 행동들이 스트레스 행동임을 알게 되어 자신을 온전히 이해했다는 점에 너무나 후련해 했습니다. 질서를 따르고 일관성 있게 행동하는 자신을 바라보는 사람들의 시선에 답답한 마음이 들었던 이유도 자유로운 분위기에서 개성을 표현하고자 원하고 있는 마음을 몰랐기 때문이라고 하며 가끔은 자유로움을 즐기고 싶다고 했습니다.

도전_{challenge} 이 말해주는
나를 보는 시각

당신은 그 모습 그대로 아름다워요.

예시1

도 팀장은 이번 장기 프로젝트를 진행하는 PL로 업무에 투입되면서 사사건건 트집을 잡고 자신을 괴롭히는 것 같이 느껴지는 PM때문에 말할 수 없이 고역이다. 아무리 생각해봐도 기간 내에 마무리를 할 수도 없는 업무인데다 프로그램 구현을 할 수도 없는 걸 자꾸 해내라고 요구하는 걸 보면 나를 괴롭히려고 존재하는 사람인 것만 같다. 프로젝트를 잘하려는 마음을 몰라주는 PM이 야속해지면서 점점 감정 싸움으로 번질까봐 걱정이다.

예시2

전 팀장은 팀 과제 수립 이후 팀원들에게 계속해서 메일을 보내서 의견을 요청한다. 그리고 의견을 취합해 최종적으로 프로젝트를 수행하게 되었다. 그런데 그때까지 한 번도 의견을 내지 않던 김 팀원이 이건 확인했는지, 저건 확인했는지 딴지를 걸기 시작했다. 심지어 보고 체계를 무시하고 실장에게 해당 메일을 보내서 프로젝트 진행에 문제가 있다고 문제를 삼는 모습을 보면 뭘 알고나 말하는 건가 싶어서 정말 어처구니가 없다.

11가지의 컴포넌트 중 마지막인 '도전'에 대한 이야기입니다. 도전 점수는 다른 모든 관계요소에 영향을 끼칠 수 있는 기초가 되는 지표이며 자유와 마찬가지로 버크만 특유의 알고리즘을 통해 결과 값이 나오게 됩니다.

그런데, 도전이라는 단어가 우리에게 주는 많은 메시지들이 있어서 그런지 유독 이 결과에 대해서는 개인의 특성이라는 접근보다 점수의 높낮이에 관심을 많이 보이는 분들이 많았습니다. 지금껏 모든 결과는 개인의 독특한 성향일 뿐이고 결과에는 좋고 나쁨은 없다는 것을 깡그리 잊어버리시는 것 같습니다. '목표를 높게 잡아야 하고 원대한 꿈을 가지고 살아야 한다.'와 같은 메시지 때문에 점수가 낮으면 크게 잘못된 것 같은 느낌이 들 수도 있는데 절대 아닙니다. 특정한 컴포넌트의 점수 하나로 한 개인을 설명할 수 없기 때문에 '도전'의 점수 또한 어떻게 작용하는지 깊은 이해가 필요합니다.

여러분은 도전적인가요? 도전을 주로 정신과 붙여서 '도전 정신이 있거나 없다', 혹은 '도전을 행하거나 행하지 않다'라는 식의 이분법적 이해로 도전을 바라보아선 안 됩니다. 버크만에서의 '도전' 컴포넌트는 자신이나 타인의 능력에 대한 이야기가 아니라 자신에 대한 자신감을 가지고 있는지 스스로를 만족하고 있는지에 대한 지표입니다. 즉 '어디에 주안점을 두고 일을 하는가?', '접근 가능하고 충분히 해낼 수 있는 목표인가?', '아니면 위험을 감수하는 목표인가?'에 대한 이야기입니다. 도전의 욕구 점수로 주변 사람들에게 자신이 자신감 넘치는 사람인지, 아니면 자기 비판적인 사람인지를 알 수 있고 자신과 타인을 바라보는 인식의 문제도 함께 이해할 수 있습니다.

먼저 도전 점수가 높은 성향의 사람들은 자신의 문제와 성과를 비판적으로 분석합니다. 유독 결과에 대해 만족하지 못하고 자신의 강점을 드러내는 것을 힘들어 하는 경향도 보입니다. 목표를 정하는 데도 난도를 높게 설정하는 성향이 있어서 100을 기준으로 볼 때 120을 해내도 모자라 보이고 140정도를 해내야 이제 좀 한 것 같은 느낌이 들게 됩니다. 성공을 알아도 그 안에서 만족을 하지 못하는 사람들입니다. 그래서 스스로의 가치를 입증하는 기회가 제공되는 환경을 필요로 하고 지속적으로 높아지는 목표를 원하는 경우가 있습니다. 이것이 해결되지 않는다면 자신을 부족하다고 여기게 되어 더욱 더 높은 기준으로 자신을 채찍질합니다. 성공이나 칭찬에 대해 부정적인 반응을 보이기도 합니다.

반면 도전 점수가 낮은 성향의 사람들은 자신에게 합리적인 목표를 정하는 경향이 있고 자신의 강점을 잘 드러내고 자신의 성공에 대한 경험을 기반으로 자신감 있는 모습을 보일 수 있습니다. 100이 기준이라면 80에 이르더라도 만족합니다. 자신의 값을 알고 있고 그 안에서 목표설정을 하는 사람들입니다. 어떤 수준으로 노력해야 하는지에 대해 현실적으로 가능한 기회가 제공되길 바라고 자신이 이뤄놓은 것에 대한 긍정적인 피드백을 원합니다. 이에 반하는 환경이라면 자신에 대해서 관대해지고 문제를 환경이나 외부의 요인으로 돌리면서 자신을 돌아다보는 부분이 부족해질 수 있습니다.

리더의 관점에서 생각해 보자면, 도전 점수가 낮은 리더는 팀원들의 모습을 더 잘 이해하는 경향을 보입니다. 대체로 "그래~ 그럴 수 있지. 내가 뭘 도와줄까?"라고 접근하는 것이지요. 반면 점수가 높은 리더라면, 물론 말로는 이해한다고 하면서도 속으로는 '조금은 더 할 수 있을 것 같은데?'라는 마음이 들 수 있겠습니다.

도전에서는 여타 다른 컴포넌트와는 다르게 평소 행동과 욕구, 스트레스 행동의 점수가 모두 같으며 대부분의 사람들은 40점과 60점 사이에 분포되어 있습니다. 그 말은 많은 사람들이 상황이나 조건, 그리고 목표로 하는 부분에 따라 양쪽의 성향을 적절하게 사용하고 있다는 의미입니다. 때로는 자신감이 넘치기도 하고 자신을 비판적으로 바라볼 때도 있는데 이는 조건이나 상황에 따라 달라질 수 있는 시선을 반영하고 있습니다.

도전

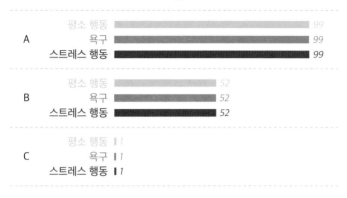

먼저, A는 목표를 정할 때 난도를 높게 두고 자신을 달달 볶으며 무리수를 두는 성향이라 스스로를 피곤하게 만들기도 합니다. 성공한 경험만으로는 부족하다고 느끼고 내가 나를 뛰어넘었을 때를 즐기며 어려우면 어려울수록 더욱 좋아합니다. 새롭게 프로젝트를 맡아서 진행하는 과정에서도 일정 수준의 난도가 있어야 뭔가 보여줄 수 있다는 판단을 하고 이를 따르지 않는 팀원들에게 민감하게 대한다고도 합니다.

프로젝트가 실패하면 "왜 내가 이것밖에 못해내는 거지?" 하면서 자신을 몰아붙이고 자책하는 경향이 있습니다. 이상치가 높아서 오히려 자신감이 없어 보이기도 하고 다른 사람들의 칭찬에 다소 비판적으로 반응하며 '왜 저런 입에 발린 칭찬을 하지?'라고 생각하기도 합니다.

123

그리고, 여태껏 자신이 도전을 크게 두려워하고 있었다고 생각했는데 사실은 도전적인 목표가 주는 무리수를 견디려는 압박감을 두려움으로 잘못 이해하고 있었던 것 같다며 좀 더 자신감을 가질 필요가 있겠다고 하였습니다. 또한, 평소에도 "그만하면 됐어. 잘 한거야."라는 말이 전혀 와닿지 않았고, 스스로에게 만족하지 못하며 "나의 어떤 잘못된 점이 저 사람에게 영향을 미쳤을까?"와 같이 속으로 자책하고 자아비판하는 모습도 있었는데 이러한 점이 데이터로 나온 것을 신기하게 여겼습니다. 성장을 통해 앞으로 나아가려고 하는 자신의 성향을 제대로 이해하여 현재도 잘하고 있다는 마음으로 조금은 더 편안하게 자신을 바라볼 필요가 있겠다고 했습니다.

반면에, C는 매사에 자신감이 넘쳐 보이고 자신이 성공한 경험을 바탕으로 통제 가능한 미션에 대해서 효과적으로 업무를 해내는 성향입니다. 본인의 능력치를 정확히 알고 있기 때문에 그 안에서 현실적인 목표 설정을 하며 주변으로부터 '도대체, 뭐가 있어서 저렇게 자신만만하지?'라는 말을 듣기도 합니다.

자신의 세팅값을 잘 알고 있기 때문에 업무에서는 종종 자신이 할 수 있는 최소한의 범위를 알려주고서는 그 이상의 아웃풋을 내놓기도 합니다. 인정과 칭찬을 통해 에너지를 얻기도 하고 사람들에게 유쾌하고 매력적인 모습을 보이기도 합니다.

반면에 실수에 대해서는 타인이나 환경의 탓을 하기도 하고 자신에 대한 비판이나 피드백을 듣는 것을 아주 힘들어 하는 경향도 있습니다. 그래서, C가 "현실적으로 그건 불가능한 작업이야."라고 말할 때 주변에서 "이 정도는 할 수 있지. 왜 안 된다고만 해?"라는 반응을 보이는 경우, C는 되지도 않는 걸 왜 자꾸 하겠다고 하는지 이해되지 않고 할 수도 없어 보이는 것을 고집한다고 느낄 수도 있습니다.

B는 A와 C 양쪽 성향을 모두 갖고 있습니다. 팀에서 진행을 하는 프로젝트인 만큼 한 명의 목소리만 강조하거나 따를 수 없는 일입니다. 그래서 도전의 점수가 높은 사람들에게는 "난이도를 조금 조정하는 것이 필요하다."고 조언하고 도전의 점수가 낮은 사람들에게는 "프로젝트 중에서 팀에서 할 수 있는 일을 모듈별로 찾아서 진행을 해보는 것이 좋겠다."라고 이야기하기도 합니다. 만약 월요일 업무회의 시간에 "이번 주 수요일까지 신규 프로그램을 제안할 고객 리스트를 좀 부탁해요."와 같은 업무협조를 들었을 때 업무량이나 개인 활동에 대한 조건이 동일하더라도, A라면 "네. 언제든지 말씀하세요."라면서 최대치로 자신의 능력을 사용하는데 비해 C는 능력치를 계산하여 "금요일까지는 해드릴 수 있을 것 같습니다."라고 해놓고 목요일까지 준다든지 하는 반응을 보일 수 있습니다.

모든 카테고리에서 살펴보듯이 우리 주변에서도 흔히 볼 수 있는 모습과 오해들입니다. 우리 모두는 자기 자신의 내면을 제대로 이해해 주길 바라면서 실상은 자신조차도 그 모습을 제대로 알지 못하고 있습니다. '버크만 프로젝트'라는 책에 쓰여진 대로 모두의 내면에 있는 것이란 바로 타인에게 사랑받고 싶고 인정받고 싶으며, 타인에게 사랑과 인정을 줌으로써 위안과 만족을 얻고자 하는 심오한 인간적 욕구이기 때문에 각자가 인정받고 싶은 방식대로 소통의 오류가 없이 모든 사람들이 행복한 삶을 살아가길 바라는 마음입니다.

CHAPTER 3

나와 타인을
이해하는 가이드

인간 관계는 좋은데
일하는 방식이 마음에 들지 않아

예시1

대학생 O 군은 취미 생활도 비슷하고 이야기도 잘 통하면서 친하게 지내던 친구가 팀 프로젝트를 함께하자고 해서 참여하게 되었다. 평소에 둘은 마음이 아주 잘 맞았기 때문에 조별 활동도 즐겁게 할 것이라고 생각했다. 그러나 그때부터 둘의 관계는 삐걱거리기 시작했다. 프로젝트의 방향이나 취지에 대한 고민을 할 시간도 없이 자료조사부터 해야 한다며 바삐 움직이는 게 자신을 압박하는 것처럼 느껴졌다. 주변의 다른 조원들도 가장 문제가 없을 것이라고 생각했던 둘이 프로젝트가 시작된 다음날부터 싸우는 모습을 보면서 당황했고 O 군은 결국 해당 프로젝트에서 거의 손도 대지 않고 끝났다.

예시2

R 본부장은 평소 아주 깐깐하고 사소한 문제에서도 보고를 확실하게 받는 스타일이다. 직원들의 생활까지도 일거수일투족 마이크로매니징 하는 것으로 유명하다. 그런 와중에 팀장이 개인적인 사유로 회사를 그만두게 되면서 평소 이러한 자신의 행동을 보완해줄 사교적인 성격의 G씨를 팀장으로 데리고 오게 되었다. 그런데, 막상 가까이서 업무를 하는 모습을 보거나 팀원의 평판을 들어보니 G씨는 자신과 놀랍게도 비슷한 모습으로 일하는 게 아닌가. 평소 자신과 이야기를 할 때처럼 타인을 배려하던 모습은 찾아볼 수가 없었다. 본부장은 팀의 소통과 자신의 단점을 보완해줄 사람을 애써 뽑았건만, 어디부터 잘못된 것인지 알 수가 없다.

이제까지 11가지의 가이드를 통해 업무나 관계에서 어떤 부분을 점검해 보고 돌봐야 하는지를 확인해 볼 수 있었습니다. 세분화된 내용들은 기호와 색깔을 사용해 다음의 A씨의 네임 태그name tag와 같이 도표로 간단하게 표현할 수 있습니다.

앞서 11가지의 관계 가이드는 버크만 진단에서 보여줄 수 있는 관계의 MRI와 같은 자료이고 네임 태그는 간단하게 개인을 표현해 줄 수 있는 엑스레이와 같은 자료라고 보면 됩니다.

진단하고자 하는 목적에 따른 버크만 진단을 하고 나면 다양한 프로파일과 함께 자신의 모습을 간결하게 설명해 놓은 버크만 네임 태그를 받을 수 있습니다.

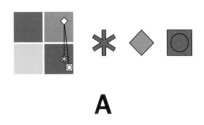

A

Birkman Method

'Birkman Method' 위쪽의 표시들은 LSG(Life Style Grid, 생활양식 도해)라고 합니다. 관계를 이해하는 방식을 설명합니다. 왼쪽 상단의 4사분면에 흥미, 평소 행동, 욕구&스트레스를 나타내는 기호가 들어가고 이는 다시 오른쪽에서 대표색깔로 표시됩니다. 'Birkman Method' 아래에 있는 표시들은 ORG(Organizational focus, 조직지향점)라고 합니다. 4가지 색깔의 바_bar_를 사용해 이슈를 해결하는 모습을 표시한 것입니다.

눈치가 빠르신 분들은 여기까지만 설명을 드려도 이미 '아~ 그러니까 관계를 맺는 모습과 이슈를 해결하는 모습이 차이가 있나 보다.'라고 알아차립니다. LSG는 나와 타인이 관계를 맺고 있는 방식을 나타내는 지표이고, ORG는 내가 하고 있는 행동 가운데에서도 특히 문제해결을 위한 접근 방법, 이슈나 상황을 바라보는 시각_{Filter}을 보여줍니다. 즉, ORG는 문제를 받고 책상에 앉는 순간 "난 지금부터 뭐하지?"라고 생각했을 때 가장 먼저 취하게 되는 행동입니다.

예시의 O군이나 R본부장처럼 우리는 평소에 사람들이 대인 관계를 맺는 방식과 업무를 처리하는 모습을 동일시하기 때문에 이 두 가지 부분에서 행동양식이 다르게 나타날 수도 있다는 것을 잘 알지 못합니다. 관계에서의 모습만 보고 업무를 처리하는 모습까지 미루어 짐작하는 바람에 오해들이 종종 발생합니다. 프로젝트를 진행하거나 팀에서 업무를 해 나가는 동안 옳은 방법이라고 말하면서 갈등이 생기는 경우를 많이 보았습니다. 타인이 나와 다른 색깔의 방식대로 일을 처리하는 것을 틀린 사람으로 선을 긋는 오류를 종종 범하기도 합니다. 그러나 대부분 나에게 편리한 방법이거나 오랫동안 해오면서 성공의 객관적인 경험치가 쌓인 것들이 대부분입니다. 실제로는 잘못된 방법이 아님에도 '틀렸다'는 생각에 타인의 업무스타일 자체를 문제로 규정해 상대의 방식을 고치는데 온 힘을 쓰면서 갈등이 깊어지게 되기도 합니다.

업무처리나 문제를 해결하는 방식에도 '옳고 그름'이 있는 것이 아니라는 것은 누구나 '사실'로써 알고 있습니다. 상대에게 '조언'을 할 때도 쓰고 옆에서 이러한 방식을 고집하고 있는 사람에게 '충고'로도 쓰고 있습니다. 하지만 정작 자신에게는 이 사실을 적용하는 것이 쉽지 않습니다. 종종 사람들은 자신의 '옳음'으로 상대를 고쳐

줘야 하는 막중한 임무를 수행해야 하기 때문입니다.

ORG는 우리가 원하는 직무와 이상적인 업무환경을 확인하는 데도 상당히 유용하게 사용되고 있습니다. 진로를 찾고 취업을 준비하는 사람들에게 최상의 업무환경을 선택할 수 있는 길잡이가 되어주기도 합니다. 나에게 적합한 직무를 수행할 수 있는 '출근하고 싶은' 직장을 선택해 자신의 잠재력을 가장 크게 끌어올려줄 업무 환경을 찾아낼 수도 있습니다. 조직이라면 팀원들이 원하는 업무환경을 이야기를 하는 데에도 효과적인 근거가 됩니다.

우리가 이제껏 살펴본 여러 가지 기호들(낯선 기호인 별은 뒤에서 설명합니다)을 연결시킨 삼각형은 그 크기와 색깔에 따라 다양한 해석이 가능합니다.

복잡한 관계를 이해하는 좋은 방법은 이 많은 사람들 중에서 나와 똑같은 지표의 위치를 가진 사람은 없고 11가지의 컴포넌트나 흥미의 숫자가 동일한 사람도 없다는 것을 깨닫는 것입니다. 심지어 한 사람 안에서조차도 평소 행동과 욕구의 점수가 극명하게 차이나는 사례가 너무나 많습니다. 모든 성향에는 개인 고유의 특성만이 존재하는 것이고 그 특성에는 좋고 나쁨이 있는 것이 아니라는 것은 이제 알 것입니다.

지금은 그러지 않지만 딸이 한동안 53-14와 같은 뺄셈 문제를 거꾸로 푼 적이 있었습니다. 왜 그러냐고 물어봤더니 그게 쉽다는 대답이었습니다. 이걸 보면서 관계에서도 흔히 나타날 수 있는 현상이라는 생각이 들었습니다. 자신이 생각할 때 할 수 있는 쉬운 것만 되풀이하면서 상대를 이해하려는 노력은 하지 않는 것입니다.

마치, 밝은 달빛 아래에서 반지를 찾는 사람처럼 말입니다. 보름달이 환히 어둠을 밝히고 있는 어느 저녁 달빛 아래에서 무엇인가를 열심히 찾는 사람에게 지나가는 행인이 궁금해서 무엇을 찾고 있는지 물어보았습니다. 그는 반지를 찾고 있다고 했고 행인은 여기서 잃어버렸냐고 물어보았더니 상대방은 조금 떨어진 나무 밑을 가리키며 저곳에서 잃어버렸다고 했습니다. 그런데, 왜 여기서 찾고 있느냐고 했더니 그는 "저 나무 아래에는 불빛이 없어요. 여기가 밝거든요."라고 답했습니다. 밝은 곳을 고집한다고 해서 반지를 찾을 수 있는 것이 아니듯 나에게 쉬운 방식을 고집한다고 해서 관계가 개선되지는 않습니다.

웨인다이어 박사는 《세상에 마음 주지 마라》는 책에서 다음과 같이 이야기했습니다. '사물을 바라보는 방식을 바꿀 때 우리가 보는 사물이 달라진다'고 말입니다. 사람도 마찬가지입니다. 우리가 타인이나 팀원의 방식을 바라보는 시선을 바꿀 때 비로소 그 사람은 달라집니다.

다시 4개의 바bar 이야기로 돌아와 보겠습니다. 맨 아래에 있는 첫 번째 바가 우리의 업무를 처리하는 가장 대표적인 모습을 나타내고 있습니다. 각각의 색깔 중 맨 아래의 방식으로 문제를 해결하거나 이와 같은 업무를 맡았을 때 가장 강점을 보인다는 뜻이 됩니다.

그리고 두 번째 색깔은 가장 아래의 특성을 보완하는 2차적 특성으로 맨 아래와 그 다음의 색깔로 일처리를 합니다. 이것은 업무를 처리하는 속도나 능력을 표현하는 것이 아니라 업무를 바라보는 관점의 이동이나 생각을 전환하는 시간이 얼마나 되는가에 대한 표현입니다. 시간이 지남에 따라 컬러위치가 바뀌거나 바$_{bar}$ 길이가 발전되고 개발되어지는 것은 아니며 관계를 맺는 방식과 연관해 이해하지는 않습니다.

남은 세 번째, 네 번째 색깔은 부족하고 회피하고 싶은 방식, 할 수는 있으나 하고 싶지 않은 방식, 남에게 보여주기에는 부족하다고 느껴지는 방식입니다. 우리는 4가지의 색깔을 고루 가지고 태어났지만 지금까지 많은 일들을 처리해나가는 동안 편안하고 쉽고 힘들고 불편한 것들을 경험하면서 지금의 모습에 이르게 된 것입니다.

버크만 진단에서는 이슈를 해결하는 방식을 4가지의 각기 다른 4가지의 색깔로 정의하고 있습니다.

빨강은 현안, 문제해결, 가시적 결과를 중요시하게 생각합니다. 그래서 그들은 목표를 기준으로 활동하고 눈에 보이는 결과를 원하고 신속한 의사 결정이 이슈를 해결하는데 가장 도움이 된다고 생각하며 만약, 프로젝트가 실패한다면 그 원인은 비실용적인 운영방식에 있거나 결과물이 부족했거나 사실보다는 감정에 의존했기 때문이라고 생각합니다.

초록은 어떨까요? 그들은 설득하고 동기를 유발하고 적극적으로 의사소통을 하는 방식을 선호합니다. 판매와 마케팅 활동에 중점을 두고 사람들을 동기부여해서 영향을 미치게 하고 변화를 지지하고 인정받는 것을 중요시하게 생각합니다. 그들은 문제의 원인이 동기부여가 되지 않았거나 경쟁을 하지 않는 환경이 있었거나 사람들과 의견 교환이 되지 않았기 때문이라고 믿습니다.

노랑은 룰, 데이터, 시스템을 활용해 이슈를 해결하려고 합니다. 그래서 조직의 프로세서나 시스템에 중점을 두고 세부계획과 일관성을 중요하게 생각하며 안정적인 환경을 선호합니다. 이러한 방식 때문에 그들은 문제의 원인이 부적절한 지시로 인한 통제가 안되었거나 시스템이 부족했거나 신중하게 업무지시를 하지 않았기 때문이라고 생각합니다.

파랑은 아이디어와 창의력을 기반으로 주관적이고 심사숙고하는 것이 가장 중요하다고 생각합니다. 그래서 이상적인 관점에서 이 일을 하는 의도와 비전을 생각하고 전략을 통해 개선시키고자 합니다. 문제가 생긴다면 독창성이 부족했거나 지나치게 일반화를 하려 했다거나 좀더 거시적인 관점을 가지지 못해서 일이 잘못되었다고 느낍니다.

ORG에서 팀을 구성하고 있는 개개인이 두 가지의 방식만 사용한다는 것은 버크만 진단이 주는 강력한 메세지입니다. 왜냐하면, 우리에게 다음과 같은 질문을 던지게 하기 때문입니다.

"우리 팀에서 내가 가지고 있지 않는 두 가지는 누가 가지고 있는가?"

일하는 방식은
옳고 그른 것이 없어요

팀 프로젝트와 같이 함께 모여 공동 작업을 해야 하는 상황에서 내 방식대로 하지 않는 사람들을 보면 어떤 마음이 드나요? 다들 나를 괴롭히려고 여기 모여 있는 것 같고, 나만 혼자 다하는 것 같다는 생각에 속이 터지는 걸 참아가며 프로젝트를 하느라 관계 또한 어색해져 버린 경험들이 한번쯤은 있을 겁니다.

단풍이 여러 가지 색깔로 피어 있을 때 자연은 비로소 조화롭고 아름다워 보입니다. 이것은 비단 자연만의 문제가 아니라 사람들과의 관계 속에서도 명확히 적용되는 말입니다.

팀이든 그룹이든 직장생활이든 같은 색깔만 존재한다면 한가지 관점으로만 문제를 바라볼 수밖에 없고 한 가지의 방식을 고집하느라 약점 또한 뚜렷하게 드러나게 됩니다. 나랑 같은 색깔의 사람들은 편해서 좋지만 다른 것들을 해낼 수 없습니다. 내 옆에서 나와 다른 해결방식을 사용하는 사람들, 내가 정말 이해가 되지 않는 방식으로 일을 맡기거나 설명하는 사람들은 나를 괴롭히려고 존재하는 사람들이 아니라 나를 돕는 고마운 사람들이 될 수 있음을 깨달을 때 비로소 나의 팀은 완벽하게 장점을 발휘하는 '우리'가 될 수 있습니다.

자신을 더 나은 사람으로 만들어 줄 수 있는 것은 주변의 사람들입니다. 나를 괴롭히기 위해서 존재하는 사람들이 아니라 내가 볼 수 없는 관점의 전환을 시켜 줄 수 있는 사람들이라고 생각을 전환한다면 우리는 좀 더 유기적인 방식으로 업무를 처리해 나갈 수 있을 것입니다.

그런데, 종종 '옳은' 방식은 없다고 이야기하면 "지금껏 해온 그 방식이 우리에게는 가장 효율적인데, 왜 그게 옳지 않다고 이야기를 하는 거죠?"라고 물어보기도 합니다. '효율적인 것이 곧 옳은 것'이라고 고집한다면 우리는 다른 방식으로 일하기의 장점을 발견하지 못합니다. 물론 당장은 효율이 날 수도 있고 성과가 있을 수도 있습니다만, 그것이 오랫동안 지속적인 수 있는가, 라는 질문에는 누구도 장담할 수 없습니다.

성공한 방법을 말하는 다른 사람들의 이야기를 들으면서 "왜 난 그렇게 못하지?"라고 고민할 것이 아니라 나의 방식에 적용할 팁을 찾는 것이 필요합니다. 왜냐하면 우리들 각자에게는 문제를 해결하는 자신만이 가지고 있는 고유한 방식이 있기 때문입니다. 그런데, 대부분의 경우에는 업무를 처리하는 과정에서도 그렇고 가정에서나 친구들 사이에서 갈등이 생기는 이유 중 하나는 바로 내 방식이 최선의 방식이라고 확신하기 때문입니다.

개인이든 조직 구성원들을 이끄는 리더이든 상관없이 바 위치를 옮기려 노력할 것이 아니라 자신의 위치에 맞는 업무처리를 할 수 있도록 독려하고 구성원들을 배치하는 것이 효율적인 방법입니다.

이 팀원들을 한번 보겠습니다.

일을 이따위로 해? VS 저를 도와줘서 고마워요!

이 팀의 구성원들은 처음에는 업무처리에 약간의 잡음이 있었습니다. D가 비교적 최근 회사에 들어왔고 B와 C는 몇 년간 직장을 함께 다니고 있는 상황이었습니다. 업무가 많아지면서 B와 C 2명이 하

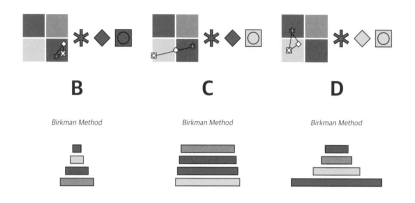

B   C   D

Birkman Method   *Birkman Method*   *Birkman Method*

던 업무를 B, C, D 3명이 나누기로 했는데 문제가 발생합니다. D의 업무처리가 너무나 빠르다는 것입니다.

ORG의 색깔을 위주로 설명하자면 3명의 업무처리방식은 모두 다릅니다. B가 먼저 회의를 제안해 업무내용을 취합한 뒤에 C, D에게 각기 달리 업무를 던져줍니다. C가 살펴보고 과거에 해왔던 부분에서 벗어난 부분이 있는지 체크해 B에게 회신을 주면 B는 이를 토대로 D에게 업무를 전달합니다.

D는 맨 아래의 bar를 오래 사용하기 때문에 주어진 업무를 빠르게 처내는 것을 가장 선호하며 이 방식을 오랫동안 고수할 것입니다. 업무처리를 빠르게 하고 나서 대기하고 있으면 B는 내용을 검토한 뒤에 수정할 부분에 대해서는 D에게 되돌려줍니다. D가 빠른 속도로 다시 자료를 업데이트해서 회신을 하고 C는 준비한 데이터를 이용해 마무리하는 과정으로 처리합니다.

만약, 이 세 사람이 서로의 업무처리 방식에 대해 불평과 불만으로 "너의 일처리는 잘못되었다.(나는 그렇지 않지만)."라고만 이야기하고 비난을 하는 상황을 상상해 보겠습니다.

"생각도 하지 않고 일을 그렇게 쳐내면 어떡해요?", "아니, 이 정도 서포트도 못하면서 혼자서 뭘 하는지 모르겠네요. 일을 하긴 하는 거예요?", "그리고, 뭐 말만 하면 룰이 그렇다는데 그건 제대로 알아보기나 한 거예요?", "다들 입으로만 행동으로만 하는데 그렇게 해놓고 나중에 안 되면 어떡하려고 무작정 덤비고 있으세요?"

이런 말을 듣는 상대는 그 잘못(잘못이라고 말할 수도 없지만)을 인정하고 고분고분 일을 내 마음에 들도록 마무리 짓는 프로세서를 절대로 따르지 않습니다. 그러면, 업무를 원활하게 끝내는 것은 뒷전이고 상대의 잘못을 고치는데 온 신경이 다 가게 됩니다. 아니, 차라리 그렇게라도 하면 나을 수도 있는데 요즘은 소위 '조용한 퇴사'를 실천하는 사람들이 많아져서 그냥 회사에 영향을 미치지 않는 최소한의 업무만 하는 사람도 많다고 합니다.

성과가 나고 건강한 팀일수록 '우리'에 대해 이야기 나누는 것을 잘합니다. 위의 B, C, D 팀원들은 개인적으로도 서로 이야기를 잘 나누고 따뜻하게 소통하는 분위기를 보여주었는데 그러한 유대가 아마도 서로 다른 업무방식에 대한 원만한 이해로 발전할 수 있었던 것 같습니다. 서로 다른 색깔을 가장 효율적으로 잘 쓰고 있는 예입니다.

"Do not judge your neighbor until you walk two moons in his moccasins."
(그의 모카신을 신고 두 개의 달 위를 걸을 때까지 상대를 판단하지 말라)

인디언 속담입니다. 모카신을 본 적 있으신지 모르겠습니다. 이 신발은 오래 신을수록 사용자 발모양에 맞게 미묘하게 형태가 달라져 같은 치수의 신발을 빌려 신더라도 불편함이 생기게 됩니다. 나에게는 편한 신발이지만 타인은 불편하게 느낄 수 있듯 나에게 오랫동안 적용해온 내 모습은 옳은 방식이 아니라 그저 나에게 편한 방식이고 상대가 불편하게 느낄 수 있다는 것을 알아차리는 것이 중요합니다.

색깔과 기호로
이해하는 나

나와 타인을 바라보는 관점이 조금은 달라지기 시작하셨나요? ORG를 설명할 때 색깔에 대해 이미 설명하기도 했습니다만, 이번에는 LSG(생활양식도해)라는 지도에서 나타나는 4가지의 색깔이 어떤 특성을 나타내는지 알아보겠습니다. 색깔과 기호의 위치에 대한 설명을 듣고 나면 나와 타인을 바라보는 시선도 훨씬 커질 것입니다. 4가지 성향이라는 말에 혈액형으로 나눠서 사람을 분류하는 것과 다른 게 뭐가 있냐고 이야기한 분도 계셨습니다만 이는 버크만 진단의 결과의 이해를 돕기 위한 최소한의 장치라고 생각하면 좋겠습니다. 흥미, 욕구, 스트레스 행동, 평소 행동을 이해하는 중요한 부분이므로 자신의 경험을 토대로 이해해 보는 것도 좋습니다.

기원전 460년에도 히포크라테스는 4가지의 기본기질유형으로 사람의 행동유형을 나누었고, DISC검사에서도 주도형Dominance, 사교형

Influence, 안정형Steadiness, 신중형Compliance으로 나누기도 할 정도로 4가지의 분류 형태는 사람을 처음 만나서 성향을 파악할 때 자주 사용되는 쉽고 자연스러운 현상에 속합니다.

- 빨강: Work with hand, 행동하는 사람, Doer
- 초록: Work with relationship, 말하는 사람들, Communicator
- 파랑: Work with mind, 생각하는 사람들, Thinker
- 노랑: Work with rules, 분석하는 사람들, Analyzer

예를 들어, 친구들과 함께 노래방에 갔다고 해보겠습니다. 들어가자마자 제일 먼저 마이크를 들고 노래를 부르는 친구가 있을 수 있고 친구들에게 어떤 노래를 고를지 물어보고는 선곡을 하고 있는 친구도 있을 겁니다. 어떤 노래가 오늘 분위기에 맞을지 한참을 고민하는 친구도 있는가 하면 음료수 값이나 노래방 시간을 체크하며 한 명씩 돌아가며 노래 부르도록 하는 친구도 있을 것입니다.

행동하는 사람
Doer

말하는 사람
Communicator

분석하는 사람
Analyzer

생각하는 사람
Thinker

이 색들은 앞으로 만나게 될 나와 타인의 행동과 인식에 모두 적용되며 사람들이 어떤 방식에 초점을 맞추고 있는지를 설명하는 데도 이해도를 높여 줍니다.

가로축과 세로축을 그어 4사분면을 만든 위의 색깔 판에서 각각의 영역들 어디에 기호가 위치하는지에 따라 우리 모습을 대략적으로 설명할 수 있습니다. 버크만 박사는 가로축을 기준으로 위에 분포하는 사람들을 주로 직접소통을 하고 열정적이고, 적극적이며 표현이 많은 이른바 외향형이라고 정의했고 아래에 분포하는 사람들을 간접소통을 하고 절제하고, 신중하며 표현이 적은 내향형이라고 정의하고 있습니다.

우리가 쉽게 이분법적으로 두 가지로 나눠서 내향적이다, 외향적이다 라고 판단할 때 가로축 위에 있는 사람들이 활동적일 가능성이 높고 아래쪽에 위치한 사람들이 내성적인 모습을 보일 가능성이 높습니다. 그런데, 제가 디브리핑을 통해 만나본 사람들은 내향적인 사람은 이렇다, 외향적인 사람은 저렇다 와 같이 규정지어 놓은 모습에서 쉽게 떠올리는 정형화된 모습과는 다소 차이가 있었습니다.

간접소통을 하면 조용할까요? 누구나 그 차이는 있습니다만, 외향성 100퍼센트인 사람은 없고 아래쪽에 위치한다고 해서 조용하거나 말주변이 없는 것도 아닙니다. 토론시간에 자신의 생각을 가감 없이 드러내며 약속된 시간이 지나서까지 시끄럽게 이야기하는 내향적인 사람들을 많이 보았습니다. 여기서 유형을 이해하는 데 있어서의 위험성이 있습니다.

어디까지는 내향적이고 어디까지는 외향적이라고 구분을 짓기는 불가능합니다. 이유는 성향이 드러나는 모습은 상대적인 것이라 정의하기 어렵고 성향을 가르는 정의가 명확한 것이 아니기 때문에 상황에 따라 때론 외향적이거나 내향적인 모습이 다양하게 표출되기도 합니다.

또한, 세로축을 기준으로는 오른쪽에 위치한 사람들은 감정중심의 결정을 하는 성향으로써, 주관적이며 좋고 나쁨이 결정에 영향을 미치는 '사람 지향'의 성향을 가지고 있습니다. "삭막하게 일만 하다가 인생 다 보낼 거야? 커피도 한잔 하면서 대화 좀 해."라고 말하거나 "이번 기획안에 녹여져 있는 따뜻한 시선이 너무 좋았어."와 같이 말하는 사람들일 수 있습니다. 반면, 왼쪽에 위치한 사람들은 사실중심의 성향으로써 객관적이며 옳고 그름으로 결정을 하는 '과제지향'적 성향을 가지고 있습니다. "직장이 놀러 오는 곳도 아니고 노닥거리기 시작하면 한도 끝도 없죠."라고 말하는 팀장님이나 "개인적인 질문은 좀 삼가줬으면 좋겠어요. 주말에 제가 어디 갔는지 왜 물어보는지 모르겠어요."와 같이 말하는 사람들일 수 있습니다.

잠시 직장에서의 제 스타일을 회상해보면 집단이 안전하다는 생각이 들면 그때서야 활발하고 이야기도 잘 하는 스타일이라 처음에는 낯을 가리지만 곧 말도 잘하고 주변의 사람들과 잘 어울리는 스타일이 됩니다. 실제로 그 집단이 안전한지 아닌지 여부가 중요한 것이 아니라 스스로 혼자서 지내는 시간을 통해 분위기에 적응했다는 기분이 들면 아주 활발해집니다. 그래서 팀장님으로부터 종잡을 수 없는 사람이라는 말을 듣기도 했습니다. 제가 왜 그랬는지 이유를 알기 위해서는 사람을 외향형과 내향형으로 구분하는 것보다 왜 그런 양가의 형태를 보이는지에 대한 설명이 필요합니다. 평소 행동은 외향형이긴 하지만 제가 필요로 하는 마음은 내향형의 모습이었다는 것을 알게 되었을 때 스스로에게 애도가 떠오르며 그때의 제 자신을 위로해 줄 수 있었습니다.

자신과 상대를
즐겁게 하는 방법이 있다

앞에서 소개하지 않은 기호가 하나 있습니다. 바로 별표기호입니다. 버크만 진단에서 별은 흥미를 나타냅니다.

물상적으로 별, 하면 어떤 모습이 떠오르나요? 가장 높은 곳에서 반짝거리며 빛나고 있는 상태를 나타내듯 '흥미'의 결과 값은 자신이 진짜 좋아하는 것에 대한 기본적인 관심에서 출발해 자신의 취미생활일수도 있고 에너지를 올리고 기분을 전환하게 만들어주는 지표가 될 수도 있습니다.

흥미는 열정적이며 관심사나 업무에 적용되는 지표가 될 수도 있습니다. 존 듀이의 '흥미와 노력 그 교육적 의의'라는 책에서도 흥미는 활동에 열중하는 것, 몰입하는 것, 완전히 빠져 있는 것을 의미한다고 했습니다. 수단과 목적이 아닌 그 자체로 내가 온전히 살 수 있는 것을 말합니다. 그래서 흥미라고 하는 것은 비단 흥미로운 것 이상이고 self-motivation (내 스스로 동기부여를 함) 할 수 있는 지표입니다. 영혼의 비타민, 영혼을 살아 숨 쉬게 하는 영양소이며 가장 행복한 방식으로 인생을 살아가는 힘이 될 수도 있습니다.

흥미의 결과는 각각 빨강(기술, 야외, 과학), 초록(사회복지, 설득), 노랑(사무/행정, 숫자), 파랑(예술, 문학, 음악)의 영역에서 1점부터 99점까지 백분위로 표기가 되어 설명됩니다. 높은 점수가 있다면 당연히 낮은 점수도 있을 것입니다. 25점 미만이면 흥미가 없거나 피하고 싶은 영역이고 25점에서 75점 사이는 보통의 흥미를 가지고 있으며 피하고 싶은 마음도 없지만 적극적으로 하고 싶지도 않은 영역으로 정의합니다. 85점 이상이라면 단지 흥미가 아닌 일상생활에서 어떠한 형태로든 충족되어야 하는 부분으로 봅니다.

흥미는 쿠더kuder의 직업흥미척도 10가지를 기반으로 만들어졌으며 직업적 선호도에 대한 측정을 하는 것입니다. 이는 강점이나 능력이 많은 것이 아니라 자신이 즐거워하는 활동들이며 자꾸 하고 싶어 하는 까닭에 앞으로 잘할 가능성이 있긴 하지만 이 점수의 높낮이가 능력치나 경험의 척도를 나타내 주는 것은 아니기 때문에 강점이나 성과를 내는 지표를 나타내는 것은 아닙니다.

한 커플을 상담을 할 때 아내의 사무 점수가 높게 나온 적이 있습니다. 아내는 "거 봐, 이제 돈 관리는 내가 잘하는 걸로 판명이 났으니까 내가 전담하는 게 맞겠지?"라고 말했는데 사실 좋아하는 활동이지 잘하는 것인지는 수치만으로 판단할 수 없습니다. 노래방에서 마이크를 놓지 않고 노래를 부르는 것을 좋아한다고 모두 다 잘 부르는 것은 아니듯 흥미의 값으로 기술의 유무나 능력치를 나타내는 것이 아니라 그저 내가 좋아하는 일, 몰입도 있게 할 수 있는 일에 대한 지표입니다. 누가 봐도 이상한 모양의 도자기를 만들면서도 그 결과물을 보며 뿌듯하고 행복해하는 것도 좋은 예입니다.

"아니, 전부 다 돈을 많이 벌고 사회적인 지위가 높은 직업을 선택하지, 누가 농사나 봉사와 같은걸 하고 싶겠어요?" 어떤 단체에서 디브리핑을 할 때 담당 팀장님께서 흥미의 분야에 대한 설명을 듣고는 하신 질문입니다. 결과값은 재화의 수준이나 사회적 관심이나 명예 등 모든 조건이 동일하다는 가정 하에 자신이 진정으로 하고 싶은 것을 나타내주는 값입니다.

커리어 측면에서 이야기하자면 자신이 가장 몰입도 있게 일할 수 있는 분야, 직업적 흥미도가 높은 것을 이야기해주는 지표가 됩니다. 그래서 외부의 요인이나 자극으로 인해 움직이는 외적 동기가 아니라 스스로 자신을 움직일 내적동기가 되는 내용을 알 수 있습니다.

사람들은 외적 동기인 타인의 시선이나 책임과 의무 때문에, 혹은 좋은 보상을 받거나 처벌을 피하고자, 심하게는 그냥 타성에 젖은 채 일하는 경우가 있습니다. 대학교에서 학생들의 커리어 코칭을 진행하다보면 일의 의미가 아주 디테일합니다. 이 시대를 대학생으로 살아가고 있는 그들의 모습에서 존경스러운 마음까지 들기도 했습니다. 그런데, 많은 학생들은 아직 간접동기에서 머물러 있는 경우가 많았습니다. 하지만 일의 의미를 모르고 있는게 아니라 그들이 일하고자 하는 동기가 너무나도 구체적이고 개인적이라서 문제라고 할 수도 없습니다. 이것이 잘못되었다는 것이 아니라 우리의 삶이 외적 동기로만 움직이게 된다면 어느새 자신도 모르는 사이에 우리의 에너지가 고갈되어 버립니다.

순수하게 일 자체를 좋아하고 내가 하는 일에 대한 의미를 부여해 본질적인 목표달성에 도움이 될 수 있어서 결국은 나의 아웃풋이 누군가에게 도움이 되는, 기여하는 삶으로의 성장을 할 수 있는 내적 동기를 찾아야 합니다.

조직에서라면 우리 팀이 속해 있는 구성원들이 어떤 흥미를 가지고 있는지에 대한 전반적인 색깔에 해당하는 위치를 확인할 수 있습니다. 각각의 점수들이 여러 가지 점수 분포로 나타나 있어 각자의 이야기들을 들어보면서 나와 비슷한 흥미를 갖고 있는 사람들과의 유대감이나 의외의 모습들을 찾아볼 수도 있습니다. 이러한 시간을 통해 내가 좋아하는 것을 상대는 좋아하지 않을 수 있음의 '다름'을 공론화해 자연스럽게 이야기할 수 있습니다.

어느 코치님께 디브리핑을 해드린 적이 있습니다. 음악을 전공하고 사회에 나와서도 오랫동안 가수를 하려다가 결국 꿈을 이루지 못하고 코치가 되신 분이셨는데 음악을 하면서 만난 모든 인간관계를 다 정리하고 음악을 쳐다보지도 않고 살았다고 했습니다. 그런데 음악 점수가 가장 높게 나와서 울컥했다고 소감을 밝혔습니다. 이렇게 흥미의 점수가 높게 나오는 영역들은 생활의 어떠한 측면에서라도 관련한 활동을 하는 편이 자신의 에너지를 올리는 중요한 기회가 될 수 있습니다.

또, 어떤 분은 기술의 점수가 가장 낮게 나왔는데 손재주도 좋고 공예와 관련된 전공을 했습니다. 이분께서는 "먹고 살기 위해서 하고 있는 거예요."라고 말했습니다. 이렇듯 자신이 잘 하고 있는 분야이긴 하지만 즐거움을 얻지 못하는 활동을 알려줌으로써 자신이 어디에서 또 다른 행복을 찾을 수 있는지 알 수 있습니다.

가끔 자신의 제1흥미의 색깔과 자신을 대표하는 흥미의 색깔이 다른 경우도 봅니다. 저는 이러한 점이 다른 진단결과보다 좋은 점이라고 생각이 들었습니다. 복잡한 인간의 흥미를 잘 드러내 주고 있기 때문입니다. 커플 상담을 하는 시간에도 이러한 흥미의 다름은 때론 민감할 수 있는 차이점을 재미있게 이해하기도 합니다. 관계에서 우리가 막연하게 그럴 것이라고 느꼈던 것들이 눈앞에 수치상으로 데이터화되어 아주 적나라하게 나타나는 것을 좀 재미있게 생각하기도 합니다.

이 커플의 관계를 살펴보겠습니다.

괴롭히려고 작정했어? VS 에너지를 충전하는 중이군!

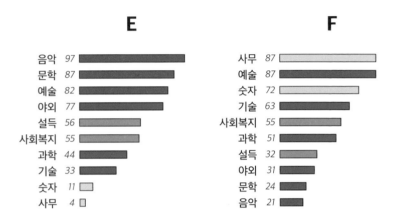

E		F	
음악	97	사무	87
문학	87	예술	87
예술	82	숫자	72
야외	77	기술	63
설득	56	사회복지	55
사회복지	55	과학	51
과학	44	설득	32
기술	33	야외	31
숫자	11	문학	24
사무	4	음악	21

서로를 적군으로 생각하며 지냈다는 이 둘의 흥미 색깔은 거의 대부분이 색깔을 거꾸로 뒤집어 놓은 듯 정반대로 위치하고 있어서 맞는 것이 없어 보입니다.

E 씨는 결혼 초기에 좋은 오디오를 사고 싶었습니다. 그런데 F 씨는 그냥 소리만 나면 되지 왜 오디오에 그만한 돈을 쓰는지 이해하지 못했습니다. 또한 매번 돌아오는 세일 기간에 맞춰서 티셔츠를 사면 될 텐데 왜 세일이 아닌 기간에 미리 사면서 돈을 아까워하지 않는지 의아해했습니다.

그들 둘 다 틀린 것이 아니었습니다. 그들은 그들이 가장 즐겁고 좋아하는 활동을 하고 있는 아주 자연스러운 반응이었습니다. 다만 상대를 바라보면서 고치길 바라는 상태가 지속되면서 하지 않았으면 하는 마음이 괴로움으로 바뀌었을 뿐입니다.

이제는 F 씨는 E 씨가 음악을 듣고 있으면 '에너지를 올리는 중이구나~.' 하고 생각하고 F 씨가 원하는 세일기간에 맞춰서 합리성, 가성비, 효율성을 인정하며 지내기로 했습니다. 참고로, 이 두 분은 예술의 점수가 높아서 시각적인 표현으로 상상력을 자극할 수 있는 작품의 공연을 보러 가거나 영화를 보러 가는 것을 취미 생활로 하고 있습니다.

흥미의 차이에 대해 상대방을 나를 괴롭히는 나쁜 사람으로 간주하고 자신이 공격받았다고 느끼게 되면 피해자와 가해자라는 꼬리표가 생기게 되면서 문제의 프레임이 전혀 달라집니다. 상대를 '악'하다고 생각하면 오해가 생기지만 '약'하다고 생각하면 이해가 생기게 됩니다. 세상을 바라보는 인식필터는 내가 옳다고 믿는 신념으로 둔갑해 상대방을 적군이라고 생각하기도 하고 남의 편이라고 생각하기도 하지만 둘의 흥미는 그냥 다를 뿐입니다.

조직에서 팀 워크숍을 할 때 흥미는 조금 색다른 시각으로 접근할 수도 있는데 그것은 바로 팀원들이 세상을 보는 인식필터를 알아볼 수 있다는 것입니다. 75점 이상의 높은 점수는 우리의 머릿속에 딱 고정되어 "이렇게 세상이 돌아가야 하는데.", "이것이 정상인데."라고 생각하는 우리의 신념이나 가치관을 설명해주기도 합니다.

한번 장착된 필터는 바꾸기가 어렵고 자신의 신념을 통해 해석해 이해한 부분은 고정된 이미지가 되어버리기 때문에 이 필터를 무시하고 관점을 전환하기가 어렵습니다. 너무나 자연스럽게 자신의 인식필터가 작동하기 때문에 사람들은 특정한 인식이 있다는 것조차 의식하지 못하고 자신이 옳다고 느낍니다. 계속 고집하면서 자기중심적인 사람으로 보이기도 합니다.

조직의 수장이나 팀장들은 자신도 모르는 사이에 자신의 암묵적인 신념이 조직문화에 영향을 끼치고 있지는 않은지 점검해 볼 필요가 있습니다.

점과 점이 만나 선이 되고 선은 면을 만들고 면은 공간을 만들어내듯 우리를 바라보는 시선의 방식이 많으면 많을수록 나와 우리를 보는 관점이 넓어지고 그 다이나믹한 관점을 건강하게 생활에 적용하다보면 삶은 오해가 아니라 이해가 쌓이게 됩니다. 나는 나의 의견이 아니고 나는 나의 신념이 아닙니다.

'상대가 좋아하는 것이 나와 다른 것'을 나쁘다고 생각하는 순간 상대를 고치고 싶어집니다. 그리고 커플 상담을 할 때마다 '우리는 서로 다름을 인정하고 있어요'라고 말하지만 갈등이 생기는 순간은 항상 그 다름을 지식으로만 알고 있는 것에서 비롯됩니다. 아는 것을 삶에서 적용해 실행하는 것은 지식과는 전혀 무관한 일이고 주변에서 도와줄 수 없는 까닭에 깨달음이나 통찰은 오직 자기 자신만이 할 수 있습니다. 다름을 인정하고 받아들이는 것은 상당히 어렵습니다.

분수형 가습기는 맨 위에 물이 가득차야 아래로 떨어집니다. 마찬가지로 일상 생활에서 가장 중요한 것은 '나의 상태'를 가장 먼저 체크하는 것입니다. 나를 알아주고 보듬어줘야 나의 에너지가 올라갈 수 있고 비로소 상대를 바라볼 수 있는 여유 또한 생기게 됩니다. 비행기에서 산소호흡기가 떨어지면 아이에게 먼저 해주는 것이 아니라 먼저 자기 자신부터 하라고 가르치듯 상대를 오롯이 그 상태로 바라볼 수 있으려면 먼저 내 에너지가 차 있어야 합니다. 가끔 가다가 나의 에너지가 긍정적으로 충만하게 올라와 있지 않으면서 상대의 고민을 해결하려고 하는 섣부른 시도를 하는 사람들이 있기도 한데 상대방을 배려하고자 할 때 내가 어떤 상태인가를 먼저 살펴보는 것이 필요합니다.

나와 타인의 관계를
오해에서 이해로

자, 지금까지 우리는 사람들의 욕구, 평소 행동과 스트레스 행동에 대한 내용과 더불어 흥미의 특징까지 알아보았습니다. 이제 이 각각의 좌표를 선으로 연결시켜서 만들어진 삼각형에 대해 생각해 보겠습니다.

나와 타인이 대립되는 상태로 느껴지는 이유는 3가지로 볼 수 있습니다. 이는 각각 가치대립(흥미의 차이), 업무 진행방식의 대립(ORG 차이), 관계방식의 대립(평소 행동의 차이)를 확인함으로써 알 수 있습니다.

일하기 편한 것과 좋아하는 것이 다르다고?

기호 컬러가 다양하게 분포되어 있는 사람들은 내가 생각하는 내 모습과 타인이 보는 내 모습이 다를 수 있습니다. 이러한 사람들의 장점은 다양한 유형의 사람과 공감을 잘하는 것이지만 자신에 대한 모습이 정확히 어떤 것인지 잘 모르는 것 같다는 생각을 할 수 있습니다. 반대로 삼각형의 위치가 한 가지 컬러에서 형성되는 사람은 누가 보아도 전형적인 특성을 가진 사람으로 보이는 편입니다. 자기 자신을 인식하는데 있어서도 혼란은 없으나 나와 전혀 다른 컬러의 특성을 가진 사람들에 대해서는 이해의 폭이 좁을 수 있겠습니다.

삼각형은 크기와 모양 위치가 사람마다 전부 다를 수 있는데 각 지표의 위치로 다양한 모습을 설명해 줄 수 있고 그 안에서 개인과 관계를 이해하는 많은 단서들을 찾아서 설명해 줄 수 있습니다.

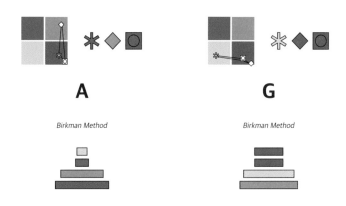

A

Birkman Method

G

Birkman Method

그 예로, 평소 행동(◇)과 스트레스 행동(□)의 간극이 크면 행동의 양상이 차이가 많이 난다고 할 수 있습니다. 특히 두 위치가 아주 상이한 곳에 위치한 사람들은 스트레스를 받았을 때와 그렇지 않을 때의 행동이 확연히 차이가 납니다. 이 누가 봐도 스트레스 행동을 하고 있다는 것을 알 수 있습니다. 그리고 스스로도 '스트레스 받으면 저렇게 행동할 수 있지'라며 상대방에 대한 허용치가 넓을 수 있습니다. 반대로 스트레스 행동과 평소 행동 위치가 비슷한 사람들은 욕구의 충족여부와 상관없이 그 행동이 비슷하게 보입니다. 스스로도 '다른 사람들에게 불편함을 주지 않아야지'라든지 상대방의 차이가 나는 행동에 대해서도 '스트레스 받았다고 행동이 저렇게 차이가 나면 안 되지'라고 생각할 수 있습니다. 예측 가능하고 일관된 행동을 보인다는 장점이 있으나 상대방이 내가 스트레스 받은 상태라는 것을 알지 못하게 되어 자신이 주는 메시지를 오판할 가능성이 있습니다. 스트레스 행동은 충족 받지 못한 욕구의 SOS신호일 수 있는데 상대방이 이러한 신호를 제대로 알아차리지 못함으로 인해 더욱 더 스트레스 상태가 지속될 수 있습니다.

또 다른 부분을 확인해 볼 수도 있습니다. G와 같은 사람은 앞서 설명한 나무의 뿌리에 해당하는 보이지 않는 모습인 흥미(*)와 욕구(O)의 위치차이가 많이 나는 것을 알 수 있습니다. 네임 태그의 이런 분포는 두 개가 헷갈리고 양가감정이 생길 수 있다는 것을 알려줍니다. 좋아하는 곳에 가게 되면 욕구가 충족되지 않고, 욕구가 충족되는 곳에 가게 되면 좋아하는 것을 못해서 아쉬워하게 되는 것이지요.

예시로 G는 1인 매장을 운영했는데 디자인을 생각하고 아이디어를 내는 것이 즐겁고 혼자서 시간을 조절해 스스로 개인 활동을 하는 것도 좋았다고 했습니다. 또한, 고객들과 상담을 하는 것도 너무 행복

했는데 때때로 즐겁고 좋은 것이 지속되지 않고 뭔가 답답한 마음이 들기도 했다는 것입니다. 이를 네임 태그로 설명하자면 다음과 같습니다. 먼저 평소 행동은 파랑으로, 조용하고 심사숙고하며 내향형의 모습을 갖고 있지만 ORG는 초록을 사용하고 있습니다. 이 때문에 업무를 해나갈 때는 고객과의 적극적인 대화를 가장 먼저 선호하는 모습을 보입니다.

그리고, 흥미의 색깔을 쫓아 노랑과 관련된 일을 하게 되면 체계적이고 예측가능한 부분이 좋긴 한데 파랑의 욕구인 개인의 창의성을 발휘하지 못하고 기획을 하는 기회가 줄어들어 편하지 않게 됩니다. 반대로 욕구의 색깔을 쫓아 파랑과 관련된 일을 하자니 마음은 편해서 좋은데 너무나 개인적인 시간이 많아지고 오히려 시스템이 없어져서 즐겁지는 않는 상태입니다.

내가 사회화되어 움직이고 있는 겉모습에 치중하는 동안 돌보지 않은 욕구는 점점 나에게 스트레스 행동을 하게 만드는 요인이 될 수 있습니다. 그래서 우리는 버크만 진단을 통해서 정확한 나의 삼각형 크기와 모양, 위치를 알아야 합니다. 나의 욕구가 나쁜 스트레스 행동을 하게 만드는 요인이 아니라 나의 강점을 표현할 수 있는 평소 행동을 할 수 있는 선한 요인이 되게 길잡이 삼는 것입니다.

왜 사람이 일관되지 않을까? VS 왜 자기만 고집할까?

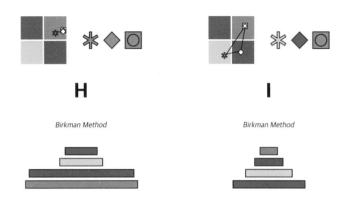

H   I

Birkman Method   *Birkman Method*

이번에도 두 명의 관계를 한번 보겠습니다. 네임 태그의 색깔들을 보면 같은 위치가 거의 없고 삼각형의 크기 또한 차이가 많이 나서 딱 봐도 뭔가 다르다고 느껴지죠? 우리 주변에서 흔히 만날 수 있는 다름의 모습들입니다. H는 모든 지표가 초록이고 하물며 ORG색깔도 초록입니다. 에너지 넘치고 사람들과 함께 하며 경쟁적이기도 하고 가감 없이 자신의 생각을 나타내기도 합니다. 반면에 I는 평소 행동은 파랑으로 그다지 말이 없이 조용하고 심사숙고하는 모습을 보이고 있다가도 업무를 처리하는 모습은 ORG의 제1bar가 빨강의 대표적인 모습인 우선 먼저 시작하고 보자는 빠른 행동력과 결과를 중시하는 업무방식을 가지고 있습니다. 그런데 이 조직 구성원의 대부분이 일하는 방식 또한 빨강과 노랑이라 I의 스타일이 회사가 일을 처리하는 올바른 방식이라고 다들 믿게 되었습니다. 그래서 H의 일하는 방식이 틀렸다고 말하면서 갈등이 생기기도 했습니다.

H는 업무처리를 하는 것이 너무 다르고 I의 흥미와 평소 행동도 자신과는 너무 달라서 평소에 스트레스가 너무 많았는데 업무 이외의 이야기를 하지 않으려고 했던 것과 업무 방식의 다른 스타일에 대해 이해하게 되었습니다. "결국 나를 괴롭히려고 한 것이 아니라 그냥 자신의 일을 열심히 하고 있었던 거네요."라고 말입니다.

버크만에서는 '우리가 할 수 있는 최선의 선택은 스스로에게 완전히 정직해지는 것이다'라고 말합니다. 자신이 무엇을 원하고 있는지도 모르는 상태에서는 정직함에 대한 무지만이 있을 뿐입니다. 자신이 어떤 상태인지 파악하는 것이 무엇보다 중요한 이유가 바로 이 때문입니다. 매 순간 선택의 순간에 우리에게는 더욱 더 발전적인 선택을 할 수 있는 힘이 생기고 그 힘을 발휘하는 순간 행동에도 변화가 일어나게 됩니다. 자신의 상태를 파악하고 현명하게 자기 인식을 하게 되면 타인을 이해하고 인정하는 넓은 시선이 생기게 되고 비로소 성장을 하게 됩니다. 나아가 개인의 성장이 일어남과 동시에 팀원과 사회가 성장하고 발전하게 됨은 지극히 당연한 결과일 겁니다.

11가지 이외에
또 다른 욕구

강의를 하면서 이런 질문을 받습니다. "사람들이 꼭 인간관계에서만 욕구가 일어나나요?" 물론, 아닙니다. 앞서서 한국비폭력대화교육원 홈페이지에서 발췌한 몇 가지 욕구처럼 욕구 색깔이나 11가지의 관계 컴포넌트가 아니더라도 일상생활에서 시시각각 충족하고자 하는 욕구가 있습니다. 버크만 진단을 하지 않더라도 지금 이 순간의 느낌에 집중하면 몸과 마음의 상태를 알아차리게 되면서 우리가 충족하고자 하는 욕구를 알 수 있습니다.

예를 들어 주말 오후 그는 '휴식'이 필요하고 상대는 '재미'를 필요로 하는 상황이 있다고 가정을 해보겠습니다. 상대방은 즐겁게 놀고 싶은 마음에 그의 휴식이 마음에 들지는 않지만 "그래, 잘 쉬어." 라고 말하고 자리를 비켜주었습니다. 그런데, 얼마 지나지 않아 그가 운동을 하고 있는 걸 보게 되었습니다. 보통 이럴 때 상대에게 대뜸 "야! 지금 그게 쉬는 거냐? 그렇게 해서 휴식이 돼? 피곤이 가시긴 하는 거야? 좀 놀자고 하는 걸 그렇게 거절하더니 지금 뭐하는 거야?" 이런 식으로 쏘아붙이기 십상입니다.

휴식, 힐링, 자율성과 같은 욕구를 찾아보는 것이 아니라 수단과 방법에 집중하게 되면 갈등이 일어날 수밖에 없습니다. 운동하기, 영화 보기, 휴식하기는 수단과 방법입니다. 그 외에도 자신의 욕구인 '휴식'과 '재미'를 충족할 수 있는 방법은 수백 가지가 있을 수 있습니다. 만약 '자전거 타기'를 하고 싶다면 '운동'이라는 큰 범주의 욕구를 떠올릴 수 있습니다. 욕구에 집중하면 상상력이 풍부해지고 창의적인 방법들을 찾게 되어 생활의 반경이 넓어지거나 새로운 시도를 할 수 있게 됩니다. 이렇게 자신의 욕구를 창의력을 발휘할 수 있는 기회로 삼는다면, 욕구를 충족할 방법은 많아지고 갈등은 줄어들게 되어 대화 속에 있는 너와 나를 만날 수 있습니다.

"내가 저번에 말한 샴푸 사놓으라고 했지? 이번에 말하면 다섯 번째야!", "아닌데, 네 번째인 것 같은데? 와 같은 말다툼 또한 욕구를 제대로 알지 못하고 산으로 간 대표적으로 실패한 대화입니다. 수단과 방법은 자신이 선호하는 것이 다르기 때문에 갈등이 일어날 수는 있습니다. 하지만 욕구 그 자체 하나하나가 인간에게 다 중요하고 상대의 욕구도 나에게 중요하고 나의 욕구도 상대에게 중요하다는 것을 인식하는 순간 관계는 바뀌게 됩니다.

우리는 종종 머리 속에서 올라오는 생각들을 느낌으로 잘못 오해해서 자신조차도 어떤 감정이나 느낌이었는지 모르게 속는 경우가 있습니다. 순간적으로 떠오른 이 생각이 자신을 괴롭히는 스토리가 됩니다. 이 느낌을 제대로 알 수 있으면 내 상태를 체크하고 나를 돌아보게 됩니다. "겁나는 건 아닌데, 진짜 내 느낌은 뭘까? 아, 이건 좀 창피하기도 하고 무안한 느낌이구나." 하고 알게 됩니다. 이렇듯 몸의 반응에 귀 기울이고 호기심을 가지고 있으면 자신의 현재 상태를 알 수 있습니다.

소설가 제임스 볼드윈은 "고집스럽게 증오에 집착하는 이유 중 하나가 증오가 사라지고 나면 어쩔 수 없이 고통과 대면해야 함을 감지하기 때문이라고 생각한다."라고 표현했습니다. 이처럼 우리가 욕구를 찾는 힘든 과정보다는 분노로 남탓을 하는 것이 더 쉽기 때문이 아닐까 생각합니다.

제가 사람들에게 종종 "그럴 때 그 사람의 욕구는 뭐였을까?"라는 질문에 "또, 그놈의 욕구타령이냐?"면서 타박을 듣는 경우가 종종 있습니다. 어떤 분께서는 욕구라는 것을 배우고 난 뒤 집에서 처음 와이프에게 "지금 욕구가 어떤 거야?"라고 물었을 때 이상한 걸 묻는다며 "어디서 되도 않은 이상한 걸 배워 와서는 쓸데없는 소리를 하냐?"는 말을 들은 적이 있다고 했습니다. 하지만 그 뒤 꾸준히 이야기를 한 결과 지금은 먼저 '욕구'에 대해 함께 찾아보며 그전과는 사뭇 다른 대화를 하고 있다고 합니다.

욕구를 찾는 것에 대해서 많이 하는 오해가 있습니다. "해달라고 하는 걸 들어주는 건 그냥 지는 것이다.", "고함 한 번 치면 되는 것을 힘없는 패배자처럼 행동할 필요 없다.", "상대방에게 끌려가는 거 아닌가.", "어디까지 맞춰줘야 하는 거냐?", "상대방 말 다 들어주다가 내가 지치겠다." 등입니다. 욕구를 이해하는 데 있어 가장 큰 걸림돌은 욕구의 내용을 마치 정서적 의존상태로 오해하거나 욕심에 따른 기준점의 나열이라고 보는 시선입니다. 그러나 욕구를 찾는 것은 상대의 의견을 들어주기만 하는 수동적인 상태를 말하는 것이 아닙니다. 건강하게 자신의 욕구를 이야기하고 나의 고유한 욕구가 있음과 동시에 상대에게도 중요한 욕구가 있음을 상호 교환하는 상태를 말합니다. 또한, 나아가서 팀의 욕구, 조직의 욕구, 사회의 욕구에도 관심을 가지게 되는 시선의 전환이 일어납니다.

《디팩 초프라의 완전한 행복》(한문화멀티미디어, 2013)에서 디팩 초프라는 '다른 사람에게 복종하거나 서로에게 복종하는 게 아니라, 함께 가는 여정에 복종하는 것이다'라고 적절한 문장으로 표현했습니다. 나그네의 옷을 벗기는 것은 결국 따뜻한 햇살이듯 우리의 마음을 터치하는 것은 폭풍우나 매서운 바람이 아니라 연결되고자 노력하고 귀를 기울이는 관심 어린 시선입니다. 상대의 욕구에 진지하게 접근하게 되면 그 사람이 사용하고 있는 수단과 방법이 눈에 보입니다. 더 이상 '무엇'을 하는데 에너지를 소모하는 것이 아니라 '어떤' 것을 원하는 지 이해할 수 있게 됩니다.

다만, 상대가 내 말을 무조건적으로 들어줘야 한다거나 상대의 수단과 방법까지 무조건적으로 찬성한다는 뜻이 아닙니다. 그의 욕구를 인정하되 옳지 않은 수단과 방법에까지 동의하지는 않습니다. 욕구에 기반해 온전하게 채워진 긍정에너지는 자기 비난이나 자기 폭발로 가지 않고 자기표현을 하면서 상대방과의 연결을 잃지 않을 수 있습니다.

영화에서는 주인공이 땅에 누워 있는 악당에게 복수를 하기 직전에 자신의 고통이 얼마나 힘들었는지에 대해 오랫동안 이야기하는 장면이 자주 나옵니다. 우리도 누군가에게 자신의 화를 이해 받기 위해 상대방에게 자신의 스토리를 이야기합니다. 이 스토리가 길어지면 길어질수록 자신을 알아주기를 바라는 간절함이 있습니다. 그래서 화속에는 애절함과 절실함의 아주 중요한 메시지를 포함하고 있습니다. 화를 넘어서 분노가 찾아오면 이것을 환영하고 내 욕구와 연결한 호기심으로 들여다봐야 합니다. 나는 물론이고 함께 사는 누군가의 삶의 질까지 바꿀 수 있게 됩니다.

앞서 설명한 커플처럼 '오디오를 사야만 한다', '사지 않아야 한다'와 같이 수단과 방법에 파묻혀 있는 것이 아니라 그의 흥미가 얼마나 중요한 것인지를 이해하고 나의 욕구와 상대의 욕구를 훼손하지 않으면서 서로를 만족시킬 수 있는 것을 찾아보는 것을 선택할 수 있습니다. 욕구를 어떻게 표현하고 충족할지는 자신이 선택할 수 있습니다.

앞으로 대화를 할 때는 '무엇을, 언제, 어떻게, 누구와, 하겠다(혹은 하지 않겠다).'를 맨 마지막으로 정하는 것도 추천합니다. 가장 먼저 해야 할 것은 욕구를 온전히 이해하고 나누는 것이고 이로 인해 상대에게도 한 인간으로써의 태도를 갖추는 작업을 할 수 있습니다. 그렇지 않으면 짚더미로 간신히 가려 놓은 쓰레기 더미마냥 바람이 불때마다 다시 모습이 드러나고 날려가는 쓰레기 꼴이 됩니다. 즉 급한 불을 끄느라 급급한 마음으로 임시방편만 찾다가 지쳐버리게 되는 것입니다.

상대를 바꾸려는 것이 아니라 자신을 바꿔가는 작업입니다. 욕구는 화가 나를 지배하며 분노로 눈을 뜨지 못해 길을 찾지 못하고 헤매고 있을 때 나를 제자리로 돌아오게 해주는 나침반과 같은 역할을 해줄 것입니다. 김수환 추기경님께서도 이 세상에서 가장 먼 거리는 머리에서 가슴까지 가는 거리라고 했습니다. 우리의 생각이 바뀌는 것이 아니라 마음이 바뀌어야 합니다. 마음이 바뀌면 삶이 바뀌게 됩니다.

타인은 나의 분노에
책임이 없다

　사실, 욕구의 문장이나 단어만 이야기할 때는 상대방에게 완곡한 강요가 될 수 있는 부분도 있기 때문에 "꼭 이걸 들어줘야 하나?"하는 생각에 화가 날 때도 있습니다. "네가 나의 욕구를 들어주지 않았기 때문에 내가 이런 스트레스 행동을 하는 거잖아.", "너 때문에 너무 당황했어."라는 식으로 나의 잘못이 상대에게 있다는 식으로 접근하거나 비난할 여지가 있습니다. 이런 말을 듣는 상대는 순간 '이걸 못 해준 내 탓인가?'라는 생각이 들 수 있습니다. 우리는 진짜 욕구와 죄책감을 들게 만들어 조종하려는 의도의 욕구를 분명히 구분할 수 있어야 합니다. 그래야 나와 우리가 훼손되지 않고 건강하게 삶을 살아갈 수 있어야 합니다.

　욕구의 단계설에서는 생존과 안전을 비롯해 욕구의 단계를 나눠놓기도 하지만 버크만 박사는 욕구가 우리를 가장 깊게 이해하는 도구라 했고 NVC의 창시자 마셜로젠버그 박사는 사람에게 존재하는 모든 욕구는 전부 중요하고 상위와 하위가 없다고 말합니다. 우리가 필요로 하는 욕구를 상대의 욕구와 비교해서 내 욕구는 높고 고귀하고 상대의 욕구는 보잘 것 없고 하찮게 여겨서도 안 됩니다.

내면의 깊은 긍정적 에너지인 욕구와 만날 때 우리가 가지고 있는 고귀하고 아름다운 본성을 비로소 만날 수 있는 것입니다. 건강하지 않은 사람들은 수단과 방법에 집착해서 싸웁니다. 나와 상대방에게 욕구를 물어보는 것, 잘 듣고 욕구로 순환할 수 있게끔 서로를 도와주어야 갈등을 해소하는 방법이 생깁니다. 그렇지 않으면 이유도 모른 채 쓰레기를 함부로 버리듯 아무에게나 감정을 쏟아내는 행위를 하면서 관계는 악화일로로 가며 스스로를 파괴시키게 됩니다. 어떤 상황에서도 나 자신으로 존재하고 나의 사랑을 잃지 않고 나를 놓지 않는 것, 다른 사람과 잘 소통하고자 하는 노력 이전에 나 자신과 잘 연결하고 나답게 살고 나를 지켜내는 것이 필요합니다.

감정은 좋았다가 나빠지기를 항상 반복합니다. 우리는 감정의 좋은 점만 취하려고 하지만 그것은 불가능합니다. 파도를 넘듯 강물이 바위를 휘감아 돌아나가듯 가만히 지켜보고 있으면 감정은 다시 차분해집니다. 분노했던 기운, 소위 화라는 것은 1분 이내에 가라앉습니다. 우리가 화를 내는 것은 화라는 감정에 스토리를 입히기 때문에 그렇습니다. 마음에 말을 걸어 욕구를 찾다 보면 자극은 지나갑니다.

《나는 내가 죽었다고 생각했습니다》(월북, 2019)의 저자 질 볼트 테일러는 최초의 자극이 있고 90초 안에 분노를 구성하는 화학 성분이 혈류에서 완전히 빠져나가면 우리의 자동 반응은 끝이 난다고 합니다. 또한, 90초가 지났는데도 여전히 화가 나 있다면 그것은 그 회로가 계속해서 돌도록 스스로 의식적으로 선택했기 때문이라고 말합니다. 이는 알아차림이나 마음챙김에서 말하는 화가 가라앉는 속도와도 거의 일치합니다. 뇌과학적으로 이야기하는 부분에서도 우리가 내는 화는 우리 몸을 깨끗이 빠져나가는 데 90초면 충분하다는 말입니다. 그런데 우리는 몸을 빠져나간 분노를 기어이 다시 끄집고 오는 형국입니다.

누군가 듣기 싫은 형태로 말한다면 뜯어고치거나 맞서 싸우는 것이 아니라 '저 말은 나에 대한 것이 아니야. 저 사람의 감정은 저 사람의 책임이고 내 감정은 나의 책임이지. 내 감정은 내가 책임질 뿐이야.'라고 생각하고 상대도 상대의 느낌을 책임질 수 있도록 그의 욕구를 만나게 해줘야 합니다. 마셜 로젠버그 박사는 분노를 충족되지 않은 욕구의 비극적인 표현이라고 했고 상대방은 나의 분노에 책임이 없다고까지 말했습니다. 상대방의 결핍이나 괴로움을 표현하고 있을 뿐이니 '자신의 고통을 표현하고 있구나'라고 알아차리면 그 사람의 느낌과 욕구에 접근할 수 있고 이해가 되는 기회가 생깁니다.

누구든 상대방과 대화를 하다가 한번쯤은 화가 난 적이 있을 겁니다. 화를 내는 형태는 어땠나요? 다른 사람들은 괜찮을지 모르지만 꾹꾹 눌러서 혼자 감당하느라 참는 것은 괴롭고 고통스러운 일이라 결국 화병으로 가면서 자신이 상하게 됩니다. 화는 비단 관계를 깰 뿐만 아니라 몸도 망가트립니다. 온도차가 크면 물건도 깨지듯 욕구를 모른 채 스트레스 행동과 평소 행동을 자주 반복하게 되면 몸도 어느 순간 제동을 걸게 됩니다. 마음의 독소가 더 이상 어찌할 수 없을 때 몸으로 와서 '너 자신을 좀 돌보도록 해, 너의 마음을 어루만지고 보살펴봐'라는 의미로 신체를 아프게 하는 표현을 합니다.

폭발하듯 화를 지르는 사람들도 마찬가지로 자신이 상하기도 하지만 조직의 구성원들에게도 스며들 듯 전염되어 팀원들까지 다치게 됩니다. 대화를 하는 당사자들 옆에 있는 동료들은 그 화라는 독소로 샤워를 하듯 나쁜 에너지를 받는 것이 너무나 억울한 일입니다. 이런 상황이 지속되면 스트레스 행동을 하는 사람들의 평판은 물론이거니와 팀원들은 나로써 편안하게 지내지 못하고 스스로의 리듬이 깨진 채로 다른 사람들에게 주의를 두며 지내게 됩니다. 나의 평화를 지키는 것이 우리의 평화를 지키는 일입니다.

화는 소나기와 같습니다. 비를 피하고자 잠시 멈춰 서서 기다리면 다시 맑은 날씨를 즐기며 걸어갈 수 있는데 굳이 나서서 비를 맞고 흠뻑 젖을 필요가 없습니다. 우리는 비를 맞기 위해서 사는 것이 아니라 기분 좋게 하루를 보내기 위해 살아야 합니다.

제가 경험한 바로는 감정을 무조건 참는 것이나 모른 척 외면하는 것 모두 관계 회복에 도움이 되지 않습니다. 아이들이 하는 말에 귀를 기울이듯 감정에게도 관심을 가지고 들어주고 인정을 해줘야 정화가 됩니다. 기울인다는 것은 비스듬하게 위치를 낮추는 모양입니다. 우리는 귀를 움직일 수 없으니 귀를 기울이려면 어쩔 수 없이 몸을 기울여 상대에게 가까이 붙이듯 화라는 감정에게도 가까이 다가가야 합니다.

정서적으로 건강하지 않을 때 상대로 인해 자신의 감정이 움직이게 됩니다. "너 때문에 화가 났어. 어떻게 화를 내지 않을 수가 있겠어?"라는 생각이 자신을 더욱 화안으로 빨려 들어가게 합니다. 내가 받은 아픔만큼 되돌려주고 싶고 너의 행동이 나를 얼마나 고통스럽게 만들었는지 뼈저리게 깨우쳐주고 싶은 마음도 듭니다. 시시비비를 가려 벌을 주고 싶은 마음이 깊은 단전에서부터 올라옵니다. 그러나 페마 초드론은《모든 것이 산산이 무너질 때》(한문화멀티미디어,2010)에서 자기 입에 쥐약을 털어 넣으면서 쥐가 죽기를 바라는 것처럼 어리석은 행동이 분노며, 고통스러운 것은 나 자신일 뿐이라고 표현합니다.

시시비비를 가리려고 하는 마음은 아무런 도움이 되지 않습니다. 다른 방식으로 표현하는 것을 모르는 사람들의 표현이고 상대는 아픔을 그가 아는 방식으로 표현하고 있을 뿐입니다. 화가 올라오면 일단, 고요함 속에서 내 몸이 어떤지 살펴보면서 나를 지켜보고 욕구를 만나 그 욕구를 충족하기 위한 수단과 방법을 찾아 나가야 합니다. 그래야 상대와 나를 훼손하지 않으면서 지낼 수 있습니다.

CHAPTER 4

나와 타인을
이해하는 시선

낯선 나와 만나기

타샤 유리크 박사는 《자기통찰》(저스트북스, 2018)에서 우리는 남들에게는 스스로를 잘 모른다는 비난을 지체 없이 하지만 우리에게 같은 문제가 있는지 자문하는 일은 좀체 없다고 했습니다. 잠재적 독자들을 대상으로 설문조사를 했을 때 응답자의 무려 95퍼센트가 자신을 상당히 또는 매우 잘 안다고 대답했지만 자기성찰을 하는 경우는 10%에 불과하다고도 밝혔습니다.

나라고 판단했던 그래서 더욱더 애썼던 그 행동들이 결국에는 나를 번아웃 시키는 요소가 되기도 합니다. 사람들이 관계 맺을 때의 방식과 업무를 처리하는 방식이 서로 다를 수도 있다는 것을 인식하지 못하는 데서 생기는 오해도 이해하게 되었습니다. 나라는 사람의 욕구가 해소되어야 우리는 성과를 낼 수 있는 강점행동을 하게 되고 나의 욕구가 존재하는 것과 마찬가지로 타인과 조직의 욕구도 존재한다는 것도 되짚어보았습니다.

결국 성격이라는 것이 일부분 타고나는 것은 맞지만 그 외에도 타인들과의 조화를 이뤄가며 나다움을 가지고 살아갈 수 있습니다. 그래서 성격은 도자기와 같이 틀이 잡혀 형태가 굳어져 버린 것이 아니라 오히려 도자기를 만들기 전 반죽의 상태와 같이 변화가 가능하다는 것입니다. 타인을 보다 정확하게 볼 방법으로써 진단을 이용해 타인에 대한 존중을 가지게 될 때 이와 같은 조화로움을 배울 수 있습니다. 버크만 박사의 말씀대로 우리가 '정상적인 상태'를 정의할 수 있도록 도와주는 기준은 결코 존재하지 않고 '맞다, 틀리다'는 단순히 특정 집단의 '무게 중심'을 식별하는 데 쓰이고 있는 편리한 관념일 뿐입니다.

'다름을 인정한다' 이 간단한 명제를 모르는 사람은 한 명도 없을 것입니다. 하지만 모두가 같은 생각을 해야 한다는 관점에서 이 다름을 때로는 틀린 것으로 간주하는 위험한 생각으로 이어지는 경우를 많이 보았습니다. 그러므로 우리 모두는 누구나 실제로 정상이 아닌 동시에 모두가 정상이기도 합니다. 누군가가 우리와 같은 특성을 갖고 있지 않다고 해서 그 사람을 정상이 아니라고 추정해서는 안 되는 이유이기도 합니다. 연못에는 다양한 존재들이 있지만 그 존재들은 각각으로 있지 않습니다. 모든 존재들은 서로에게 영향을 미치면서 연못을 구성하고 있고 그 영향력은 우리가 생각하는 것보다 클 수 있습니다.

샤론 버크만 박사는 사무실 안 오래된 파일 속에서 '현 세대의 젊은이들'이라는 기사를 발견하게 되었습니다. 그 내용은 현재의 이 젊은 세대는 기존 세대보다 충성도가 적고 이기적이고 열심히 일하고자 하는 의욕이 없고 자신의 안전과 평온에 집중한다고 적혀 있었습니다. 알고 봤더니 그 기사는 1997년에 작성되었고 기사 속 '젊은 세대는 다름 아닌 X세대를 묘사한 것이었습니다. 어쩌면 세대라고 하는 것은 항상 그래왔던 것일지도 모릅니다. 신세대의 특성이 과거에는 없었을까요? BC 4,000년 메소포타미아 수메르 점토판에도, BC 2,500년전 이집트 피라미드에도 '요즘 젊은이'들을 나무라는 이야기가 적혀 있다고 합니다.

요즘의 시대에 과거의 올드스쿨 세대와 같이 기존의 가치를 존중하고 절차를 따르며 사회적 관습을 지키려고 하는 젊은이들은 없을까요? 아닙니다. 지금의 MZ세대를 이해하지 못하겠다고 말하는 소위 왕년의 X세대들 또한 그 시대의 어른들이 보기에는 도저히 이해가 안 된다는 말을 들으면서 자랐던 사람들이 있었을 것입니다. 저또한 그랬고요. 다만, 과거의 시절에는 기존의 질서가 너무 강해 개인의 개성이 쉽게 드러나지 않았고 자신의 개성이 집단성을 띄기에는 누구나 쉽게 정보공유를 할 수 있는 시스템이 갖춰져 있지 않아두드러지지 않았을 뿐입니다.

버크만 진단은 MZ세대와 올드스쿨 세대의 대화에 대한 것을 집단의 특성이 아니라 개인의 특성으로 받아들이고 개개인의 모습을 어떻게 이해하고 있는지 허심탄회하게 짚어주는 시간이 될 것입니다. 세대놀이를 줄이고 개인의 영역에서 팀원 각각을 이해할 수 있는 시간이 될 것입니다.

EBS 부모특강에 출연한 김경일 박사는 마이클 토마셀로의 "모든 세대는 이전 세대보다 지혜롭고 그다음 세대보다 어리석다."라는 말을 인용합니다. 어른들은 젊은이의 스승이며 또 다른 젊은이들의 제자들이 됩니다. 우리는 모두 연결되어 있으며 자신이 가지고 있는 빛과 어둠에 대해 솔직한 이야기를 나누는 것이 필요한 때가 아닌가 싶습니다. 자신의 위치를 누군가를 관리하고 조종하며 체제에 가두는 수단으로 써버리면 우리가 속한 공동체는 시들어 버릴 것입니다.

세대를 걸쳐가며 나타나는 외면의 모습은 아주 드라마틱하게 변화하는 것처럼 보이지만 인간을 만드는 핵심적인 요소에 있어서는 크게 변화하지 않습니다. 버크만 인터내셔널은 지구상의 전 세계에서 실시하고 있는 진단의 방대한 데이터를 통해 계속해서 사람들의 기대와 인식의 트랜드와 같은 전 세계 문화를 관찰하고 있습니다. 사회심리학영역의 방대한 자료를 통한 버크만 진단을 통해 우리가 굳건하게 믿고 있는 세대의 오해를 풀고 많은 인사이트를 얻을 수 있을 것입니다.

문화 인류학자인 마가렛 미드는 문명의 시작을 묻는 질문에 토기나 불과 같은 도구가 아니라 '부러졌다가 다시 붙은 사람의 대퇴골,

즉 다리뼈'라고 답했다고 합니다. 이야기의 출처는 명확하지 않으나 어느 외과의사가 그분의 수업에서 들은 이야기를 전하며 알려진 것으로 알고 있습니다. 이 이야기는 저에게 많은 시사점을 주었습니다. 문명은 유형의 재산이 아니라 인류가 상처 입은 사람을 주변의 위험으로부터 보호하고 지키면서 곁에서 도와주었던 그 무형의 마음을 의미하기 때문입니다.

바로 내 주변에 있는 사람이 곤경에 처했을 때 도움을 주고자 하는 마음의 발현이 문명의 시작이라는 것입니다. 그만큼 우리는 상대를 돕고자 했건, 나의 재능을 발휘하거나, 아니면 나의 마음속에 있는 욕구를 충족하기 위해서이건 서로를 필요로 하지 않은 적이 없었습니다. 그만큼 인간은 사회적인 존재로 태어났고 타인들과의 관계를 마음 속 깊이 갈망하고 있습니다.

최재천 박사 또한 《손잡지 않고 살아남은 생명은 없다》(샘터사, 2014)라는 책에서 무게와 숫자로 가장 막강한 두 생물 집단은 바로 식물과 곤충이라고 설명하고 있습니다. 그들이 현재까지 올 수 있었던 이유는 진화의 역사에서 어느 순간에 곤충과 현화식물은 꽃가루받이라는 공생 관계를 만들면서 양쪽이 폭발적으로 증가했기 때문이라고 합니다.

경쟁에서 이기는 방법이 무조건 서로 물고 뜯고 상대를 제거하는게 아니라 누군가와 손을 잡는 것임을 알 수 있습니다. 자연계의 모든 동식물을 다 뒤져 보면 손을 잡지 않고 살아남은 동식물은 없습니다. 모두 연결되어 있습니다. 그러니 나를 잘 돌보아서 그 넘치는 에너지로 상대를 바라보아야 우리가 진정으로 바라는 소통과 이해를 만들어 나갈 수 있을 것입니다.

2

관찰하는 시선이 필요하다

얼마 전 광화문에 놀러갔다가 한복을 입고 전동킥보드를 타고 가는 외국인을 보았습니다. 동양과 서양, 과거와 현재가 절묘하게 공존하는 모습이라는 생각이 들었습니다. 이렇듯 관찰은 내가 본 상황에 스토리를 입히지 않는 것입니다. 내가 본 내용과 상대가 본 내용이 같아야 합니다. 관찰이라 함은 전동킥보드를 타고 가는 외국인을 사진으로 찍어 놓은 것을 보듯 너와 나의 설명이 같아야 합니다.

그런데, 관계를 맺는 사람과의 특정 자극이 있을 때 우리는 자신도 모르게 내 마음대로 평가하고 거기에 스토리를 입혀서 가공의 인물과 상황을 만들어 냅니다. 그 가상의 인물은 어린 시절 공포 영화에 나왔던 유령이나 무서운 인형의 역할을 하듯 나의 스토리에 따라 나를 괴롭히기도 하고 나에게 엄청난 영향을 미치는 것처럼 느끼게 됩니다.

185

저는 개인적으로 야구가 가지고 있는 스토리를 좋아합니다. 첫 안타를 기념하는 공을 덕아웃으로 건네줄 때 그가 노력해 왔던 과정이라든지, 오랫동안 한 팀의 소속으로 뛰다가 다른 팀의 유니폼을 입고 친정팀으로 오는 선수에게 보내는 기립박수와 같이 야구는 경기 자체로써의 볼거리뿐만 아니라 야구에 매료될 수밖에 없는 힘을 가진 스토리가 있습니다. 하지만 관계에서의 스토리는 자칫 우리 스스로를 피해자로 만들 가능성이 있습니다.

제대로 된 의사소통을 위한 첫 번째 단계는 바로 관찰입니다. 관찰을 한다는 것은 에너지를 가슴으로 내려서 들은 것과 본 것만으로 표현하고 스토리를 덧붙이거나 미루어 짐작하지 않는 것을 말합니다. 물론, 평가가 필요할 때도 있겠지만 관계에서 상대와 올바로 연결되기 위해서는 평가나 비난과 같은 쓸데없는 에너지를 쓰지 않습니다. 상대방의 행동을 관찰하는 것이 아니라 내가 가지고 있는 관점으로 전환시켜 바라보면서 해석하고 판단내림으로써 잘못 번역되어지는 오류를 만들어 내고 있습니다.

관찰을 하게 되면 평가나 비난과 같은 쓸데없는 에너지를 쓰지 않고 상대방의 행동을 있는 그대로 바라볼 수 있게 됩니다. 여기에는 자신이 만들어 놓은 이야기가 들어가지 않습니다. 그러면 우리는 순수한 호기심으로 궁금함을 물어볼 수 있습니다. 그렇지만 우리는 보통 대화에서 '아무 말 대잔치'를 하게 됩니다. 높은 장애물을 헤치며 앞으로 나가듯 추측과 선입견을 갖기도 하고 꼬리표를 붙여 이미 판단을 내린 채 이야기하기도 합니다.

그러나 우리가 상대방과 연결되고자 할 때는 판단을 내려놓고 모든 상황을 관찰로 바라보아야 합니다. 비난이나 판단이 섞이지 않은 투명한 호기심으로 바라보는 시선이 필요합니다.

우리 앞에 펼쳐지는 사건이나 사물을 있는 그대로 왜곡 없이 정확하게 바라보는 것이 얼마나 어려운지 잘 알고 있습니다. 하지만 그런데 좀 위로가 되는 것은 사람들 거의 대부분이 사실을 바라보지 않는다는 것입니다. 만약에 A라는 대상(현상)이 우리들 앞에 펼쳐진다고 했을 때 그것을 이해하기 위해서 해석을 하고자 노력합니다. 그런데, 우리는 A에 대해서 전혀 아는 바가 없으니까 그것을 사실대로 바라보는 것이 아니라 이전에 경험했던 것들 가운데 A와 가장 비슷한 B라는 것을 불러오게 됩니다. 자신이 경험했거나 유사한 현상인 B를 투사시켜서 A라는 대상(현상)을 바라본다는 것입니다. 그런 까닭으로 '보고 있다'라는 것은 언제나 정확히 있는 그대로 보는 것이 아니고 '사실대로 본다'는 말도 자신의 관점이나 가치관을 투영한 왜곡된 사실을 가능성이 많습니다.

누군가를 관찰한 것에 대해 말하고 있다는 말에는 이미 과거에 있었던 개인적인 경험들을 현재에 불러와서 내린 판단을 말하는 경우가 많습니다. 어떤 사건을 보았을 때 우리는 그것에 대해 객관적으로 있는 사실로 바라보는 것이 아니라 그 사건과 비교해 유사한 경험을 불러와서 평가하고 판단하게 됩니다.

어느 커플의 디브리핑을 진행하면서 먹다 남은 과자를 소파 한쪽에 놔두고 나갔다가 들어와서는 그 사건으로 대판 싸운 사건에 대해 들었습니다. "이거 치워 놓으라고 진작에 이야기했지?", "들어와서 눈에 띄었으면 먼저 치우지, 그걸 그냥 놔뒀냐? 난 놀다 왔냐?", "지금 도대체 뭐하는 거야?" 이렇게 급발진을 하고 나면 이미 돌아오기는 힘들어진다는 걸 둘 다 알고 있습니다. 관찰할 수 있는 사진에 찍힌 장면은 '과자가 소파 위에 올려져 있다.'입니다. 이 외에는 어떠한 스토리가 있을 수 없습니다. 이 사진 속에는 '네가 치웠으면 좋았지!', '별것도 아닌 걸로 시비를 걸고 있군'과 같은 장면은 없습니다. 여기서 이야기가 시작되어야 합니다.

제대로 된 관찰이 없는 대화의 시작은 이미 관계의 갈등을 야기시키고 내면의 갈등이나 오해를 불러오기도 합니다. 그럴 때는 "나는 무엇을 보았는가?", "나는 무엇을 들었는가?"와 같은 질문을 통해 불필요한 감정을 걷어내고 조금 더 있는 그대로 보는 힘을 얻을 수 있습니다.

"팀원에게 설명을 해줘서 이해한 것 같았고 분명히 알고 있는 것 같은데 제대로 보고서를 못 만드니 답답하다." 한 팀장님의 토로인데 이것 또한 관찰이 아닙니다. 저의 "그래서 관찰한 부분이 어떤 건가요?"라는 질문에 하신 대답입니다.

"한 번도 내 말을 들은 적이 없어!", "넌 형편없는 사람이야!", "적어도 이 정도는 당연히 해줘야 하는 거잖아!"와 같은 말들은 모두 우리의 의견이 섞인 생각으로 상황을 제대로 이해하고 해결할 수 있는 힘이 없습니다. 결국, 대화는 짧은 순간에 비난으로 가면서 연결은 깨지게 됩니다. 이런 경우에는 관찰로 접근하기를 권합니다.

우리는 '내가 옳다'는 근거 없는 확신에 사로잡히게 되면서 자신이 인식하지도 못하는 너무나 빠른 시간 안에 상대를 판단하고 나의 생각을 상대방에게 적용하고자 지적을 합니다. 이 순간이 부지불식간에 한 세트와 같이 동시에 이뤄지기 때문에 우리는 관찰을 하는 연습을 꼭 해야 합니다. 관찰을 하게 되면 우리는 모든 스토리가 배제된 평가나 판단이 없는 사진으로 찍혀진 객관적인 장면을 보게 되면서 그때 느꼈던 자신의 감정을 찾아 자기연결이 가능하게 됩니다. 자기 연결은 자신의 고유한 인간성과 영혼을 회복시켜주고 긍정적인 에너지가 생기게 해줍니다. 내가 느끼고 있는 느낌을 찾아가며 내 상태를 체크할 수 있게 되고 나를 볼 수 있게 되면서 상대의 느낌 또한 찾을 수 있습니다. 느낌 뒤의 원인에 대해 상대의 탓을 하는 것이 아니라 나의 욕구와 만나는 작업을 할 수 있게 됩니다.

느낌을 이해 받고 격려와 비판이 섞인 균형 잡힌 피드백을 듣는 것이 중요하다고 이야기하게 되면 내 당황스러움의 이유가 바로 '너' 때문이 아니라 내면의 욕구가 충족되지 않은 상황이라고 이해할 수 있게 됩니다. 그래서 욕구를 이야기할 때는 그 내용만 전달할 것이 아니라 충분히 욕구가 충족된 상태를 상상해보고 욕구의 에너지와 함께 이야기를 한다면 더욱 더 전달의 힘이 생길 것입니다. 너무 진지하고 무겁게 이야기하는 것보다는 편안한 상태를 생각하고 이야기해야 상대도 가볍게 들립니다.

자신이 충분히 돌본 욕구의 에너지는 파워풀하고 긍정적이기 때문에 이 에너지를 통해 상대에게 부탁을 할 수 있게 됩니다. 상대방과 대화하기 위해서는 상대를 이해하고 이야기를 들을 수 있는 에너지가 먼저 필요한데, 그것은 자신의 에너지가 충분히 차 있어야 가능합니다. 그러기 위해서는 먼저, 나와 깊이 연결되어 있어야 합니다. 나와 연결되어 있다는 것은 현재 상태에 대해 점검할 수 있고 순간순간 올라오는 느낌을 알아차리고 자신에게 필요한 욕구들을 이해하는 것에서 비롯됩니다.

3

누구나 자신이
허락한 만큼의 세상을 가진다

여름날 모기에 물린 자리가 분명하다고 생각하고 긁었는데 신체 어디를 긁어 봐도 시원함을 찾을 수 없었던 경험처럼 뭔가 알 것 같기도 한데 막상 관계 속에서 정답을 찾아내지 못했다면 11가지의 컴포넌트에서 해답을 찾아내기를 바랍니다. 여러 가지 사례를 설명하고자 조직의 워크숍 형태로 설명했으나 일대일의 관계에서도 모두 유효하게 적용할 수 있습니다. 혹은, 버크만 진단을 통해 좋은 해답을 찾아낸 사람들의 피드백을 체크해 보면서 생각지도 못한 힌트를 얻을 수 있을 지도 모릅니다.

투명유리벽을 사이에 두고 말하고 있는 모습을 멀리서 보면 대화를 하는 것 같아도 아마 둘은 서로 "뭐라고?", "안 들려!"만을 반복하다가 결국 자신의 말만 하게 될 것입니다. 아마도 소통이라는 단어로 포장된 일방통행과 같은 대화가 이러한 모습이지 않을까 싶습니다.

팀이라고 하는 것은 개인이 업무를 보고 돌아가는 단순한 시공간이 아니라 팀원들 간에 긍정적이든 부정적이든 서로 상호작용을 하고 있는 생명이 있는 유기체라고 했습니다. 나의 욕구와 평소 행동은 나만의 것이 아니라 우리의 것입니다. 누군가에게는 강점을 사용하고 누군가에게는 스트레스 행동을 보이며 직, 간접적으로 영향을 주고받습니다. 우리는 전부 연결되어 있습니다.

팀이나 조직에서 우리는 어떤 피드백과 상호작용을 하며 연결되어 있는지 평소에 궁금했거나 관계에서의 이해도를 높이기 위한 활동들을 고민한 적이 있으실 겁니다. 버크만 진단은 바로 "나는 어떤 사람인가?"라는 질문에 대한 답을 얻고 현재의 좌표를 기반으로 성장을 하기 위한 길잡이로 사용하기 위함입니다. 내가 가지고 있는 관계를 맺는 방식에서의 답답함이나 일을 함에 있어서의 불협화음을 자기 검열식의 패턴체크에서 벗어난 새로운 솔루션을 얻게 되는 데 큰 힘이 됩니다. 나를 이해하는 시선, 타인을 바라보는 방법에 대한 간극을 줄이고 관계에 있어서의 정확한 나침반의 역할도 더불어 할 수 있습니다.

크리슈나무르티는 《관계에 대하여》(고요아침, 2009)에서 말하길 고립 속에서는 살아갈 수가 없으며, 사람은 오직 관계 안에서만 살 수 있다고 말했습니다. 우리의 문제는 두려움을 어떻게 극복할까가 아니라, 지금 우리의 관계는 어떤가, 올바른 관계란 무엇인가를 무엇보다 먼저 알아내는 것입니다. 깨달음은 너무나 고통스러운 과정이지만 칼융이 말하듯 지혜는 치유된 상처에서 나옵니다. 시험에 들지 않는다면 신념은 신념이 아니고 시련을 겪지 않는다면 우리는 성장하고 발전할 수 없습니다.

NVC센터에서 기린부모교육을 받을 때 저의 선생님이셨던 이윤정 선생님께서는 "삶을 무겁게 느낄 때는 마치 쇠공을 쥐고 주저앉아 있는 듯하지만 이 어려움이 해결될 때는 그 쇠공이 고무공이 되기도 하고 풍선이 되어 날아가기도 합니다. 내가 삶을 어떻게 바라보느냐에 따라 삶은 달라집니다."라고 조언해 주었습니다. 우리는 삶을 기쁨과 희망으로 바라보고 키우고 있는지 분노와 거짓으로 키우고 있는지 물어볼 일입니다.

유튜브 영상 가운데 'yes'를 먼저 읽게 한 뒤에 'yes' 앞에 'e'를 하나 써넣은 뒤에 다시 읽어보라고 하는 영상을 본 적이 있습니다. 쉽게 '아이즈'라고 읽을 수 있을 것 같은데 계속 '이예스'라고 발음하며 뭐가 잘못됐는지 모르는 사람들을 재미있게 보았습니다. 'yes'에만 집중하는 동안 앞에 'e'가 붙은 것을 'eyes'이라고 읽지 못하고 전혀 다른 단어로 이해하듯 사람의 관계에서도 타인을 본다고 말하지만 제대로 보지 못하고 있지는 않나요? 항상 사람들의 욕구를 궁금해하고 이해할 수 있어야 행동에 대한 전체적인 이해가 생기고 관점이 달라질 수 있습니다.

'나는 강사다', '나는 코치다'와 같은 직위를 대답하기 위한 질문이 아니라 '나'라는 사람이 눈에 보이는 행동의 작동원리와 자신에 대한 궁금증을 해소하는 것이 왜 필요한가 하는데 대한 이야기를 해줄 수 있습니다. 진단 결과를 이해하는 과정은 마치 수영이나 자전거를 배우는 과정과도 같은 것 같습니다. 쉽게 터득되진 않지만 계속 곱씹어보고 남한테 적용할 것이 아니라 나에게 적용하며 지금은 이해가 쉽게 되지 않지만 어느 지점이나 상황에서 "아~ 내가 이런 면이 있었지."하며 낯선 자신의 모습을 감싸 안아줄 수 있을 것입니다. 진단은 관계의 정의를 내리는 끝이 아니라 이제부터라는 시작을 알리는 종소리입니다.

웨인다이어는 오래전 박사 과정을 밟던 젊은 시절에 나는 '가장 이상한 비밀'이라고 알려진 어떤 것 속에 깃들어 있는 지혜를 우연히 접한 적이 있다고 했습니다. 그때 "너는 네가 하루 종일 생각하는 그것이 된다You become what you think about all day long. 이 아홉 개의 단어가 내 마음속에 잠들어 있는 힘을 일깨우는 길로 나를 데려갔다고 《우주는 당신의 느낌을 듣는다》(샨티, 2018)에서 밝힙니다.

우리는 다른 사람의 세상을 만들 수 없습니다. 그저 자신을 이해하면서 자신의 세계를 만들 뿐이고 상대방 또한 그의 세상에서 그의 시선과 인식필터를 통해 살고 있으며 관계는 그 두 세계가 겹쳐 있을 뿐입니다.

기법이 아니라
결국은 연결이다

문득, 과연 진단으로 성향과 특성을 파악해서 알려주는 일이 기본적으로 시작점부터 '사람을 평가하거나 판단해 꼬리표를 달지 않는다'라는 취지에 어긋나는 것은 아닌가 하는 생각이 들었습니다. 비폭력대화와 버크만 진단사이에서 진단 평가자로써 제가 가져야 할 태도나 상대방에게 접근할 때의 마음가짐에 대한 궁금증이 생긴 것이지요.

제 질문을 들은 선생님께서는 진단을 통해 개인의 성향을 분석해 결과를 알려주고 그 유형에 맞춰 의사소통의 방법을 비폭력대화를 기반으로 설명하는 과정에서 오는 혼란을 이해하셨습니다. 그러면서 진단의 취지를 잘 이해하고 평가나 분석이 목적이 아니라 관찰에 초점을 맞추고 있는지가 가장 중요하며 '따뜻한 호기심'을 가지고 디브리핑을 실행하는 목적이나 의도를 "사람들에 대한 따뜻한 호기심과 관심을 가지고 관찰하는 작업"이 되고 있는지 체크해보라고 했습니다.

이후 저는 며칠간 제 자신의 욕구와 연결해 천천히 들여다보았습니다. '자기이해', '기여', '성장'의 욕구를 가지고 있음을 발견했고 그것을 어떻게 해석하고 전달하는지에 대한 답이 명확해지기 시작했습니다. 디브리핑을 통해 관계를 돕고자 하는 의도를 명확히 하고 상대를 평가하고자 하는 마음으로 확대되는 것을 경계했습니다. 검사를 통한 진단이 아니라 '따뜻한 호기심'을 기반으로 한 탐색과 관찰하는 마음으로 접근하는 것이 가장 중요하다는 것을 깨닫게 된 것입니다.

토마스 웨델 웨델스보그의 저서인《리프레이밍》(청림출판, 2020)에서는 철학자 애이브러햄 캐플런의 '도구의 법칙'이라는 이야기가 나옵니다. 1964년 연구수행이라는 책에서 '어린아이에게 망치를 주면 두드릴 수 있는 모든 것을 찾아다닐 것이다'라고 표현했습니다. 매슬로우는 후에 '손에 쥔 게 망치밖에 없으면 모든 문제가 못으로 보인다'고 말하기도 한 것으로 알고 있는데요, 수단과 방법, 즉 도구에 갇히지 말고 진단 그 너머를 진단 그 너머를 볼 수 있어야 합니다. 궁극적으로 우리가 가고자 하는 곳이 어디인지를 생각해보고, 어떤 가치관을 가지고 어떤 관계로 이어지는 사람이 되고 싶은가를 생각해보는 시간이 훨씬 더 중요합니다.

어느 순간이 되면 나라는 사람에 대해 깊게 고민하고 성찰하게 되는 탐색 과정을 거치게 되는 순간이 다가오는데 그 첫 번째 순간은 바로 진로와 관련된 방향설정을 할 때가 아닌가 싶습니다. 이 진로에 대한 고민은 직장을 다니면서, 혹은 1인기업을 하며 일에 몰두하면서 조금은 진정이 되지만 곧바로 조직에서 마주치는 주변의 사람들과의 관계에서 다시 더 큰 고민이 생기게 됩니다.

관계는 이제껏 배워왔던 방식으로는 절대 답을 알 수 없는 신기한 미로과도 같아 보인다고도 했습니다. 어찌어찌해서 주먹구구식으로 관계를 해오다가 다시 팀장급의 관리자가 되면 이 관계를 풀어나가는 숙제는 다시 대두됩니다. 내가 생활하는 주변의 사람들이 바뀌고 환경이 변하고 보고 듣고 경험하는 환경들이 바뀔 때마다 우리는 반드시 고민을 하게 됩니다. 관계가 자꾸 실패하는 것은 여러 가지 이유가 있겠지만 연결하고자 하는 마음이 아니라 옳고 그름을 판단하려 하는 우리의 마음과 더불어 자신들이 배운 '지식'을 상대를 조종을 하고자 기술로써 사용하기 때문입니다.

커리어 디브리핑을 진행했던 어느 대학교의 교수님께서는 "처음에 자식을 낳고 키우면서 아이들은 당연히 말을 잘 듣는 줄 알았고 당연히 공부를 잘하는 줄 알았으며 당연히 좋은 학교를 나와서 좋은 직장을 가는 줄 알았다."라고 했습니다. 그렇게 '당연한' 생각들을 하며 지내는 동안 관계는 계속 나빠지기만 했고 결국은 다시 회복되기까지 아픈 기억들과 함께 꽤 오랜 시간을 낭비했다고 합니다.

저의 어린 아이도 자라서 부모가 될 것이고 그의 자식 또한 제가 제 아이를 만났던 순간의 기쁨을 선물함과 동시에 걱정, 분노와 좌절을 주며 커갈 것입니다. 제 아이가 제가 처음 아버지가 되었던 나이쯤 될 때면 제 아이와도 당연한 이별을 할 것입니다. 직장 생활을 하는 많은 직장인들의 삶도 이와 비슷하지 않을까 생각합니다. 입사를 해서 희로애락을 겪으며 지내다가 자신이 처음 입사한 모습을 닮은 신입 사원들이 들어오고 팀원에서 팀장으로 성장을 하며 다시 자신의 팀원이 팀장이 될 때 즈음이면 뜻하건 뜻하지 않건 아쉬운 작별을 하게 될 것입니다.

　그 과정에서 우리는 참으로 많은 대화를 하게 됩니다. 그런데, 이야기를 들어보면 대화라고 하는 프로세서에 존재해야 하는 등장인물은 분명히 2명인데 많은 사람들이 종종 이를 잊어버리는 것 같습니다. 대화는 테니스 경기와 같습니다. 테니스를 치고 있는 모습을 보고 있으면 공은 정확히 한 번씩 왔다갔다 반복하고 있습니다. 공격을 해서 치지 못하게 하고자 하는 이길 의도를 가진 게 아니라 연습이나 친목을 위해 랠리를 하는 경우에는 더 그렇습니다. 연달아 2번을 칠 수도 없고 상대방이나 내 차례에서 실수를 하면 되돌아오지 않습니다.

　소위 '대화를 시도했지만 아무런 효과가 없었다'는 말은 쌍방통행이 되어 마이크를 쥐고 이야기를 한 뒤에 마이크를 건네주듯 이야기를 나누는 행위가 되지 않았다는 뜻입니다. 대화에 존재해야 하는 2명 가운데 1명은 일방통행을 했다는 뜻입니다. 아니면, 2명 다일수도 있을 것입니다. 그 모습을 상상해보자면 마치 끝도 없이 펼쳐진 두 줄의 평행선 위에서 각자 걸어가고 있는 것 같습니다. 겉으로 보기에는 평온한 것 같고 이야기를 충분히 나눈 것 같지만 결국 그들은 결코 만나지 못하고 깊게 연결되지 못한 채 이야기는 끝납니다.

우리는 스스로 원하든 원하지 않든 항상 타인들로 인해 연결되어 왔습니다. 그 연결 속에서 서로가 온전한 자기 자신으로써 존재하며 배려하고 책임을 져야할 할 타인이 있음을 인식하는 순간 우리는 더 성숙한 한 개인으로써의 성장을 할 수 있을 것입니다.

필라테스 수업을 받을 때도 안 되는 것은 천천히 하고 되는 것부터 따라하라고 했습니다. 습관을 당장 창밖으로 던질 수 있는 게 아니라 구슬려 한 번에 한 계단씩 내려오게 만들어야 한다는 마크 트웨인의 말처럼 어느 순간 우리가 습관처럼 해오던 사람을 바라보는 시선 또한 바뀌어 있음을 느낄 것입니다.

나를 만난다는 것은 결국 나와 연결되기 위한 것이고 그것은 너와 나, 우리가 연결되기 위함입니다. 나와 연결된다는 말이 어렵게 들릴 수도 있습니다. 많은 사람들이 말하는 '알아차림', '자기연결', '깨어있음', '현존'이라고도 하는 이 모든 것의 시작은 바로 "내가 지금 어떠한가?", "내 상태가 어떤지 확인하고 있는가?"라는 질문이기도 합니다.

알아차림은 긴장과 집중이 아니라 오히려 긴장이 풀리면서 자신의 감정에 휘둘리지 않는 상태입니다. 머리로 가게 되면 생각으로 커지면서 전혀 엉뚱한 곳으로 가게 되니 관찰을 하고 그 다음은 바로 나의 몸 상태를 체크합니다. 나와 연결되고 나면 그 경험을 토대로 상대방과도 연결될 수가 있습니다. 우리에게는 모두가 연결되고자 하는 마음이 있고 문자 그대로 연결되어 있습니다.

자신에게 진심으로 한번 물어보길 바랍니다. '나는 상대와 연결하고자 하는 의도가 있는가?'

5

관계의 미래는 지금이다

라틴어인 카르페디엠은 영어로는 'seize the day' 즉, '지금을 잡아라'라는 뜻으로 많이 쓰입니다. 카르페디엠에 대한 어원은 그 오래된 역사만큼이나 여러 가지가 있습니다만, 그리스 신화에 나오는 올리브와 관련된 이야기로 그 유래를 설명해보고자 합니다. 지혜의 여신 아테네는 포세이돈과 도시를 걸고 내기를 하게 되었는데 그것은 바로 '생활에 더 필요한 것을 가지고 오기'였습니다.

여러 명의 신들 앞에서 포세이돈은 말을 가지고 와서 내놓았지만 아테네는 올리브를 내놓으면서 '이 조그만 씨앗에서 여러 가지 형태로 생활에 쓰일 수 있는 열매가 자라납니다'라고 하며 내기에서 이기게 됩니다. 그때 얻은 도시가 바로 아테네의 이름을 따서 지은 그리스 수도 아테네입니다.

그만큼 올리브 열매는 고대 그리스 시절부터 '신의 열매'로 불리며 여러 가지 음식에 활용이 되었는데 사람들이 올리브 열매를 따면서 힘들었던 노동에 대한 위로를 한 것이 바로 카르페디엠의 시작이라고 할 수 있습니다. 유럽뿐 아니라 요즘 우리 주변의 식생활에도 여러 가지 형태로 많이 쓰이는 올리브는 희망을 상징하기도 합니다. 노아의 방주가 떠돌다가 올리브 가지를 물고 온 비둘기를 보고는 멀지 않은 곳에 땅이 있음을 알게 되었고 더 이상의 고통은 없을 것이라고 한 것에서 유래합니다. 그런 면에서 보자면 '카르페 디엠'은 희망이라고도 할 수 있습니다. 우리에게는 괴로웠던 과거도 앞이 보이지 않는 미래도 바꿀 수 있는 힘이 있습니다.

샤론 버크만 대표는 의료 전문가들의 말을 빌려 걷기를 배우는 것은 어린 아기가 경험할 수 있는 가장 어려운 신체적인 도전 가운데 하나라고 말하는 반면, 사회과학자들이 설명하는 인간이 직면한 가장 어려운 심리학적, 사회적 기술 중 하나는 다름 아닌 언어를 배우자마자 발달하기 시작하는 타인들과의 의사소통 능력이라고 했습니다.

우리는 심리학적, 사회적 기술 중에서 가장 어려운 부분의 한가지라고 말하는 '소통'을 너무 쉽게 생각하지는 않았나요? 금이 녹는 온도는 1064도이고 해당 온도에 이르기 전까지 상태가 바뀌지 않으니 그 직전까지도 금의 상태가 변하고 있음을 모릅니다. 하지만 금은 계속 변화하고 있으며 결국은 어느 순간 자유자재로 몸을 바꿀 수 있는 상태로 변신하게 됩니다. 우리도 마찬가지로 힘들게 느껴지는 순간들을 내가 바꾸기로 선택한 순간 더디지만 움직이기 시작할 것입니다. 그리고 자신도 느끼지 못하는 사이에 조금씩 바뀌기 시작할 것이고 긍정적인 징후들을 만나면서 결국은 원하는 타인과의 연결과 소통을 만날 것입니다.

지금이라도 시작해서 수확할 것을 만들면 미래는 나의 즐거운 현재로 다가오는 것이 너무나도 당연합니다. 미래의 '나'는 누가 만들어 주는 것이 아니라 지금 현재의 '내'가 만들어 가는 존재입니다. 지금 할 수 있는 것은 단지 하나, 지금 여기에 멈춰서 무엇이 되었건 수확할 것을 심어보는 것입니다. 심는다고 무조건 싹이 자라나는 건 아니겠지만 '과연 싹이 자라고 있나?' 의심하면서 확인하려고 심어 놓은 땅을 파내지만 않으면 됩니다.

싹은 최선을 다해 자라고 있습니다. 우리의 마음도 성숙해져서 봄, 여름, 가을, 겨울로 순환하는 계절과 같이 어느 한 계절에 머물러 있을 것이 아니라 반드시 다음으로 넘어가야 합니다. 여름의 즐거움만 있을 것처럼 사는 것은 아름답고 멋있어 보이지만 성숙하지 못한 에너지일 것이고 겨울의 처연함만 있을 것처럼 사는 것 또한 지치고 힘든 에너지에 메어 있는 것입니다.

얼마 전 퍼즐을 액자에 넣어 걸려고 딸과 함께 3시간가량 걸려서 맞췄는데 다 맞추고 보니 퍼즐 조각 딱 하나가 없었습니다. 그것도 한가운데 딱 하나가 말이죠. 바닥에 깔려 있는 퍼즐을 한참 바라보다가 '이것을 완성된 것이라고 볼 수 있을까?'라는 생각에 잠시 빠졌습니다. 무엇을 기념하고자 액자로 만들어 걸어 놓고 싶었을까? 이걸 만드는 동안 주고받았던 이야기와 상황들에 대한 추억이었을까? 아니면, 깔끔하게 완성된 퍼즐의 그림 그 자체였을까? 그것이 무엇이었던 간에 퍼즐 조각 하나쯤 없는 게 큰일도 아니겠다 싶어서 아쉬워하지 않고 액자로 만들어서 걸어놓았습니다. 여전히 퍼즐 조각이 하나 빠진 채로 말입니다.

우리는 항상 완벽함을 추구하지만 그게 말처럼 쉬운 일은 아니고 관계 또한 완성이 아니라 계속 노력해갈 현재의 상태이니 이걸 바라보면서 인간관계와 같다는 생각을 했습니다. 누군가 보기에는 완벽해 보이지만 스스로 판단하기에는 퍼즐 조각 하나와 같이 빠져 있는 이 시선의 차이. 완성된 것 같으면서도 완성되지 않은 상태, 미완성의 완성작. 하나를 잃어버렸으니 영원히 채워지지는 않겠지만 또 그 나름대로의 훌륭한 스토리와 역사가 있는 개인의 의미를 가지고 있는 것이기 때문입니다.

인생을 연극에 비교하는 글들이 있는데, 그런 차원에서 보자면 인생을 살아가는 동안 우리는 여러 연극에서 적지 않은 역할들을 수행하게 됩니다. 그 중에는 잘하는 역할도 있고 못하는 역할도 있을 것입니다. 하나의 역할이 서투르고 실수를 했다고 해서 인생이라는 긴 연극 자체에 영향이 있지는 않아 보입니다. 나무의 역할을 하는 사람이 넘어졌다고 해서, 기사의 역할을 한 사람이 칼을 떨어트렸다고 해서 우리는 연극을 망쳤다고 하지 않습니다. 오히려 하나의 에피소드가 될 뿐입니다.

몸무게를 줄이고 몸을 아름답게 가꾸고자 운동을 시작할 때는 하루나 이틀만에 변화할 것이라고 생각하지 않습니다. 오랜 시간 꾸준히 피트니스 센터에서 운동을 하고 음식을 가려서 먹고 '눈바디'라고 하는 시각적인 체크를 매일 하면서도 의식이 변화하기까지는 너무 마음이 급하고 관계에 대한 실수를 한두 번 하는 것에는 조바심을 냅니다. '내 인생은 왜 이런가?', '하필이면 왜 나인가'라고 관계를 부정하고 상황을 제거하고 싶은 마음이 들기도 합니다.

관계를 맺는 모든 상황에서 자극은 밀물과 썰물처럼 오고갈 것입니다. 행복은 결국 '고통을 자각하는 불편함'과 '고통에 휘둘리는 불편함' 가운데 어느 하나를 선택하는 자유에 있습니다. 실수를 하는 것은 '좋은 시작'이고 생각한 만큼 상대방과 소통이 어렵더라도 포기하지 말고 꾸준히 자신의 욕구를 찾는 연습을 해보시기 바랍니다. 욕구를 찾는다고 해서 모든 관계의 문제가 해결되고 고통이 완전히 사라지지는 않습니다. 다만, 감정에 휘둘리지 않고 자신의 삶에서 그 문제와 함께 살아갈 수 있는 힘이 생기고 나와 타인을 안전하게 보호할 수 있습니다. 그러니 욕구의 에너지에 머물러서 외부사건으로 가는 관심을 자꾸 자신의 내면으로 옮겨가시길 권합니다.

CHAPTER 5

질문 있어요

버크만 진단이
도대체 뭔가요?

일반적으로 버크만 진단을 성향테스트나 성격유형검사라고 소개합니다. 물론, 틀린 말은 아닙니다만, 거기에서 한 단계 더 나아가 성격 이외에도 동기, 인식, 관심사, 사고방식mindset까지도 포함하는 검사입니다. 그러므로 개인을 입체적으로 분석할 수 있어서 '인식진단검사'라고 불리는 쪽이 의미상으로는 더 맞다고 볼 수 있겠습니다.

버크만 진단은 산업과 조직심리학의 대가인 버크만Roger W. Birkman 박사의 이름을 따서 지어진 진단이며 1950년대 초에 개발된 이후 현재까지 전 세계적으로 약 70여 년 동안 개인 성향 분석, 대인관계 개선, 경력 관리, 은퇴설계, 리더십 개발 등에 활용되는 국제적으로 공인된 검사지입니다.

버크만 박사는 2차 세계대전시, B-17 전투기 조종사로 전쟁에 참

전해 폭파임무를 수행했습니다. 팀원들은 군 작전을 수행하고 나면 의무적으로 보고를 해야 했는데 버크만 박사는 이 수행결과가 개인적이고 주관적인 현실이라는 필터를 통해서 보고된다는 것을 발견하게 됩니다.

나아가 각각의 팀원들을 잘 알고 있던 박사는 우선순위, 가치, 배경이나 두려움이 현실을 바라보는 인식에 어떻게 영향을 미치는지 알게 되었고 이러한 관찰이 버크만 진단을 만들게 되는 시초가 되었습니다.

특히 전투에 참여했던 사람들이 같은 상황을 경험하더라도 그 경험을 설명하는 방식이 다르다는 점을 통해 사람들마다 관계를 바라보는 견해 차이가 분명하게 존재하고 상황을 보는 관점이나 인식, 가치를 바라보는 시각이 다르며 이는 개인의 성과와 학습에 뚜렷하게 영향을 미친다는 것을 알게 됩니다.

또한 스트레스 상황에서 명중률이 떨어지는 점을 통해 직장생활을 하는 동안 상호평가나 피드백에서 부정적인 시그널을 수집할 수 있는 단서인 스트레스 행동을 자신도 모르게 지속하는 사람들이 있다는 것도 알게 되었습니다. 이러한 인식의 토대로 재향군인회에서 전역군인들의 커리어 상담을 하며 심리학을 공부했고, 그 결과로 버크만 진단 도구를 만들게 됩니다.

1950년부터 시작된 버크만 진단은 이미 1960년대부터 개인 정보를 데이터베이스화해 성향 분석의 예측과 정확성을 새로운 수준으로 향상시켜왔습니다. 이후로 현재까지 약 70여 년간 세계 24개국의 언어로 개발되어 70개국에서 사용되고 있으며 현재까지 35,000,000회 이상 실시했고 지금도 전 세계의 진단 결과를 반영해 지속적으로 연구개발을 진행하고 있습니다.

이처럼 진단 횟수를 수집하고 결과에 반영하는 것이 가능한 이유는 방대한 데이터베이스에 있습니다. 2000년도에 버크만 인터네셔널은 이미 전 세계 약 300만 명의 진단결과를 데이터베이스로 구축했습니다. 이는 유사 진단도구들 중에는 찾아볼 수 없는 수준입니다. 우리나라에서도 누적 진단자가 160,000명에 이르고 특히 2017년에는 40,000건 이상의 진단을 실시함으로써 세계에서 가장 많은 진단을 한 나라로 지정되기도 했다고 합니다.

우리나라에는 2012년 버크만 코리아가 설립된 이후 현재까지 10대 그룹을 포함해 수많은 조직에서 팀워크와 리더십 향상, 갈등의 해결 및 스트레스 관리, 흥미와 업무처리 방식의 이해를 통한 경력 설계 및 커리어 상담에 이르기까지 매우 다양한 목적으로 활용해오고 있습니다.

버크만 진단은 보다 나은 자기 보살핌과 타인과의 건강한 연결을 지속할 수 있는 인사이트를 제공합니다. 진단을 시작하기 전 사람들은 '네', '아니요'로 대답하는 대략 30분가량 걸리는 이 진단이 나에 대해서 알려줄 수 있다는 이야기를 말도 안 되는 소리라고 많이들 생각합니다. 그러나 진단결과를 듣고 난 이후의 피드백은 그렇지 않습니다.

결과를 들으면서 "어? 생각보다 나를 잘 맞추는 것 같네."라며 신기해하는 반응이 많습니다. 인바디 측정을 통해 몸무게와 체지방을 알려주듯이 질문을 통해 나의 흥미와 욕구 분야를 포함한 많은 정보를 알려주기 때문입니다. 진단이라는 단어가 주는 거부감을 조금만 가라앉힌다면 자신을 설명해 줄 수 있는 꽤 정확한 '자기 사용설명서' 하나를 알게 될 수 있을 것입니다.

살면서 옷은 여러 벌 입어보고 영양제를 먹으며 건강검진을 받으며 치열하게 운동을 하고 있으면서 정작 우리의 마음은 어떤가 검진을 해보았는지 궁금합니다.

버크만 진단은 거울입니다. 사람들은 본질적으로 서로 다른 특성을 가지고 태어나고 우리는 이를 인정해야 합니다. 동시에 사람들은 본질적으로 서로 같은 특성들을 가지고도 있으며 그 중에서도 우리가 서로를 필요로 한다는 사실을 인정해야 함을 깨닫게 해줍니다. 버크만 진단이라는 거울을 통해 나와 타인을 비춰봄으로써 먼저 내가 타인과 다르고 타인이 나와 다름을 '인정'하는 기회를 얻어 서로 이해하고 연결될 수 있는 진정한 노력이 시작될 수 있다고 믿습니다.

자신의 결과를 알아가는 과정에서 버크만 진단이 가지고 있는 세계관이나 사람을 바라보는 따뜻한 시선을 느끼실 수 있습니다. 버크만 진단결과를 듣는 순간이야말로 타인을 이해하기 시작한 바로 첫 순간이 될 것입니다.

스스로 답변한 결과에 대한 해석이라는 점을 감안해도 생각보다도 더 잘 맞아서 신기했다. 나에 대해 알고 있지만 정의하기 어려웠던 부분들과 잘 알고 있다고 생각했지만 정작 모르고 있었던 부분들을 알 수 있어서 너무 좋고 인상적이었다.

평소 막연하게만 생각했던 나 스스로에 대해서 깊이 있게 들여다볼 수 있는 시간이었습니다. 단순히 '~한 성향이다'라고만 생각했던 자신에 대해서 심도 있게 분석된 자료를 보니 깨닫는 바가 색다릅니다.

버크만 진단은
왜 하는 건가요?

브라이언 트레이시는 저서《나는 꽤 괜찮은 사람입니다(포레스트 북스, 2019)》에서 돈과 시간이 허락한다면 성격과 직업에 대해 자세히 상담 받을 것을 권하며 나 자신도 아직 모르는 인격과 재능을 찾아내기 위해 각종 설문 검사에 참여하는 등의 탐색 과정을 거쳤다고 밝힙니다. 그래서 우리에게는 진단이 꼭 필요합니다. 그 중 하나인 버크만 진단은 총 298문항으로 구성되어 있으며 3가지 part로 구성되어 있습니다.

- Part1: 나는 다른 사람들에 대해서 어떻게 생각하고 있는지에 대한 질문
- Part2: 나는 나에 대해서 어떻게 생각하고 있는지에 대한 질문
- Part3: 내가 가장 관심을 많이 갖고 있는 직업에 대한 질문

우리에게 필요한 것은 좀 더 편안하고 집중할 수 있는 공간과 약 30분가량의 시간, 그리고 호기심 어린 질문들에 대해 성심성의껏 대답할 수 있는 열린 마음입니다. 진단에 소요되는 시간을 잘 몰라서 시간배정을 제대로 못하느라 다른 일을 하다가 다시 문제를 푸는 분들도 계시는데 일관된 답변을 할 수 있도록 되도록이면 한번에 완료하기를 추천합니다. 차분한 마음으로 질문을 읽었을 때 가장 먼저 떠오른 생각들을 표기해 나가시면 됩니다.

누구나 말로는 '사람은 전부 다르다'라고 하지만 어떻게 다른지까지는 굳이 궁금해하지 않습니다. 그러나 상대를 궁금해하지 않으면 나와 '다르다'를 '틀렸다'라는 잘못된 결론으로 이끌기 쉽습니다. 이로 인해 상대를 인정하기 보다는 무시하거나 체념하거나 또는 방관하게 된다고 샤론 버크만 박사는 이야기합니다.[*] 틀린 것은 바로잡아야 하는 잘못된 것이지만 다름을 인정하게 되면 이를 활용해 시너지를 낼 수 있습니다.

버크만 진단을 통해 우리는 모두 다르고, 다름이 틀림이 아니며, 우리의 다른 성향이 서로를 배척하는 잣대나 꼬리표가 아니라 서로 조화로움을 가지고 도움이 되는 존재로써 관계를 맺을 수 있음을 알게 됩니다.

* 《버크만 프로젝트》, 위너스북, 2015

나아가 나에 대한 궁금증이 해소되고 객관적으로 자신을 충분히 이해하게 되면 우리는 거기서 머무르지 않고 다음과 같은 질문으로 발전하게 됩니다.

"내가 진짜 원하는 대로 살려면 어떻게 해야 하는가?"
"나는 성장의 방향을 어디로 설정해야 하는가?"

이러한 질문에 대한 해답을 얻고 나면 질문의 방향이 바깥으로 향하게 되어 내가 원하는 것이 있듯이 상대에게도 원하는 것이 있다는 사실이 보이기 시작합니다.

"타인이 진짜로 원하는 것을 알고 있는가?",
"또, 그것을 받아들여야 한다는 것을 알고 있는가?"

위와 같은 질문을 통해 관계를 맺는 방식에 대한 인식을 새롭게 할 수 있게 됩니다. '나'만 존재하고 '너'와 '우리'가 존재하지 않는 세상은 없습니다. '나'라는 사람도 상대방의 입장에서 보자면 '너'인데 '나'라고 고집하는 존재 이외에는 이 세상의 모든 사람들이 전부 '너'라는 사람들의 집합체입니다. 시선이 자신에게만 머물러 있을 것이 아니라 타인을 따뜻한 호기심으로 바라보길 바랍니다.

한편 세계보건기구는 세계보건총회에서 번아웃을 질병으로 분류한 제 11차 국제질병표준분류기준을 승인했습니다. 개정된 기준에서 번아웃을 '성공적으로 관리되지 않은 만성적 직장 스트레스로 인한 증후군'으로 정의하기도 했습니다. 번아웃증후군의 특징으로는 에너지 고갈과 탈진, 일에 대한 심리적 거리감, 업무에 관한 부정적, 냉소적 감정 증가, 직무효율저하를 제시했습니다.[*]

번아웃이야말로 일뿐만 아니라 관계에서의 의미를 만들어 주지 못하는 현상입니다. 파커 J.파머는 자신의 경험상 탈진은 내가 갖지 않은 것을 주려다가 생기는 결과라고 했습니다. 탈진은 분명 공허함이지만 내가 가진 것을 주어서 생기는 결과가 아니고 내가 주려고 해도 아무것도 없다는 사실이 드러나는 것일 뿐이라고 했습니다.[**]

번아웃도 결국 너무 많이 써서가 아니라 없는 것을 쓰려고 할 때 생긴다는 것을 욕구와 평소 행동을 통해 충분히 알 수 있었습니다. 나와 잘 지내는 법을 아는 것은 말 그대로 나와 모두에게 연결이 되는 과정입니다. 현재 자신의 모습을 정확히 알고 나와 행복하게 연결되어 타인을 따뜻한 호기심으로 바라볼 수 있는 긍정적인 힘을 갖게 해주어 번아웃되는 것을 막아주는 소화기의 역할도 할 수 있습니다.

한 개인의 삶은 지속적으로 쓰여 지고 있는 과정의 연속이며 이 과정들이 합쳐져 하나의 빛나는 역사가 됩니다. 하나의 결과로써 내

---

[*]   YTN, "WHO, '번아웃'도 질병으로 분류", 2019. 05. 28.
[**] 파커 J. 파머, 《삶이 내게 말을 걸어올 때》, 한문화, 2019.

가 정의되는 것이 아니기 때문에 어느 한 곳에서 나의 정체성이 머무르는 것이 아닙니다. 우리 모두는 지금의 모습이 종착점이 아니라 자신을 아는 이 순간이 바로 시작점이 되어 나의 모습과 마음, 생각을 성장시키는데 배움을 활용해야 합니다. 조지 버나스 쇼의 말 대로 우리의 삶은 자신을 찾아가는 과정이 아니라 나를 만들어 가는 과정이기 때문입니다.

그동안 살아가며 했던 그 어떤 테스트들 보다 정확하다는 것을 느꼈습니다. 당연하게 생각했던 내 성격과 성향, 그리고 제 욕구를 냉철하게 바라볼 수 있는 좋은 기회였습니다. 오늘 받은 결과를 토대로 대인관계나 개인 사업 발전에 많은 도움이 될 것이라 믿어 의심치 않습니다.

나에 대해 알고 있지만 정의하기 어려웠던 부분들과 잘 알고 있다고 생각했지만 정작 모르고 있었던 부분들을 알 수 있어서 너무 좋고 인상적이었다. 나의 경우에는 특히 보완해야 할 점들에 대해 잘 생각해 보아야겠다. 가까운 사람일수록 더욱 공감해주고 조금은 더 돌려 말할 수 있어야겠다.

3

이건 다른 진단과
뭐가 다른가요?

타 진단지를 검사해보신 분들은 아시겠지만 많은 성격진단 도구들은 검사를 진행하면서 자신의 모습을 어떻게 정의할지에 대한 주관적인 개입이 일정부분 가능합니다. 그래서 '나는 어떠한 사람이다'라는 결론을 낼 때 자신도 모르게 조금은 방어적으로 답을 선택하거나 의도하지는 않더라도 사회적으로 통용되는 특성을 선택할 수도 있습니다. 우리가 진단검사를 할 때마다 아주 다른 유형의 결과가 나오는 것도 때때로 내가 되고자 하는 모습이 환경에 따라 다르기 때문에 그렇지 않나 생각합니다.

의도치 않은 오염으로 인해 자신의 모습을 제대로 파악할 수 없는 부분을 최대한 배제하고자 버크만 진단에서는 긍정적으로 자신을 표현하고자 하는 진단자의 심리를 피해갈 수 있도록 문항을 배치해 설문지를 구성했습니다. 그래서 검사를 하는 사람들이 자신의 모습을 원하는 대로 만들어 낼 수 없기에 가장 객관적인 자신의 모습을 찾을 수 있습니다. 그리고 자신의 행동뿐만 아니라 욕구와의 연결을 분석한다는 점이 가장 큰 차이점입니다. 이는 다른 진단에서는 절대로 파악되지 않는 요소입니다. 타고난 기질과 함께 사회화된 행동 양식이 성격인데 이러한 행동은 그냥 드러나는 것이 아니라 눈에 보이지 않는 '욕구'에 의해 결정이 됩니다.

또한 리포트가 생성되기 전까지 시스템 내에서 여러 번의 검토과정을 거치게 됩니다. 문항에 대한 답변이 버크만 진단에서 지정해 놓은 예상 범위를 벗어난 경우 시스템에서 자동으로 재검토가 필요함을 알려주게 됩니다. 그리고, 참,거짓 True or False 질문에 대한 답을 무작위로 선택했다고 판단되면 진단지가 자동적으로 재발송됩니다. 실제로 진단 오류 때문에 버크만 인터내셔널측으로부터 3번이나 진단 메일을 받아서 푼 분도 있습니다. 이유를 확인해 보았더니 Part 1의 질문인 '나는 다른 사람들에 대해서 어떻게 생각하고 있는지'에 대해 답을 모두 '거짓'으로 일관되게 선택해서였습니다.

대부분의 문항이 어떠한 결과를 위한 질문인지 아는 버크만 전문가들도 다른 결과를 만들어 내고자 한 시도에서 원하는 결과를 만들어 내기가 쉽지 않습니다. 한 강사는 "제가 노랑의 흥미를 가지고 있는데 전혀 다른 색깔의 결과를 얻기 위해서 정말 작정하고 의도적으로 답을 다르게 해보려고 노력을 해 봤는데도 그렇게 되지 않았어요."라고 말하기도 했습니다.

또한, 자신이 가장 좋아하는 활동영역에 대한 흥미를 세분화해 10가지 카테고리를 나누어 설명해주고 있습니다. 흥미에 대한 결과로는 자신이 세상을 어떻게 바라보는지에 대한 가치관을 알아 볼 수 있게 합니다. 또한 세분화된 직업군과 직업명을 구체적으로 알려주기 때문에 내가 끌리는 분야의 데이터를 직관적으로 받아서 커리어에 대한 부분도 알 수 있습니다. 이렇듯 버크만 진단의 결과는 '흥미'와 '성격'을 동시에 알 수 있고 자신의 진로와 흥미을 넘어서 자신의 성향이나 성격까지 분석해주는 도구입니다.

그리고, 무엇보다 자신을 설명하는 네임 태그를 보면 직관적이고 트렌디해서 예쁩니다. 색깔과 기호로 표시되는 개인은 상대와의 관계를 설명하는데 있어서도 편리하고 빠르게 이해가 됩니다. 개인의 정보를 설명해주는 것에도 탁월하지만 둘 이상의 관계를 이해하는데 훨씬 강력한 힘을 가지고 있습니다.

무엇보다 버크만 진단은 많은 성격진단 도구들의 가장 큰 특징인 '유형화'를 하지 않고 개인의 고유한 특징만을 설명해주는 '개인화'를 통해서 정보를 전달해줍니다. 물론, 버크만 진단의 이해를 돕기 위해 색깔과 기호를 통해 성향의 분류를 하기는 합니다만 Preview의 11가지 컴포넌트를 이해하기 위한 과정일 뿐이며 겉으로 드러나는 행동에 따라 분류하는 유형화가 아닌 관계 맺는 방식과 일 처리 방식에 대한 총체적인 이해를 할 수 있습니다.

유형화에 대한 좋고 나쁨을 말하려는 것이 아닙니다. 강의를 끝내고 들었던 피드백 가운데 유형화로 인해서 어떠한 특징 속에 가둬두는 것 같았는데 내 자신을 온전히 이해할 수 있는 기회가 되었다는 분도 계시지만 나의 유형을 찾아서 나와 비슷한 사람들의 경험을 간접 체험하며 '꼭 나만 그런 것은 아니다'라는 안도감과 함께 심리적 소속감이 생겨서 좋다는 분들도 계셨습니다.

버크만으로 풀어낼 수 있는 이야기는 수많은 데이터로 인한 객관화된 결과를 전달해 우리의 모습을 알려주는 것에도 그 의의가 있지만 결국 알리고자 하는 큰 메시지는 로저버크만 박사께서 전달하고 싶어 하는 바로 다음의 이야기입니다.

"People are complex: perceptions are invisible."
(사람은 복잡하고 인식은 보이지 않는다)

자기 자신 속에 복잡하고 미묘하게 얽혀 있는 씨줄과 날줄의 정교함을 이해하기 위해서는 우리의 행동을 야기시키는 숨은 인자들을 찾아내서 내가 세상을 바라보고 이해하는 방식과 상대의 그것을 온전히 받아들이는 것에서부터 시작하길 바랍니다.

지나치게 한 쪽에 치우쳐 있어 갖는 이점과 함께 현재 내 성격/행동유형이 갖는 단점 역시 헤아려보는 계기가 됐습니다. 주위에서 '너는 ~한 것 같아'라는 말만 듣고 넘겨짚었던 내 특징의 원인까지 알 수 있어 좋았고, 그 원인이 되는 욕구를 어떻게 충족시켜야 할지 고민해보는 계기가 되었습니다.

저에 대해서 알게 되는 것도 좋았지만 상대방과 팀원들의 다른 모습을 알게 되고 대처하는 방식, 배려하는 방식을 알 수 있어서 좋았습니다. 우리는 다를 뿐이지 틀리지 않았다는 것을 인정할 때 온전한 대화가 가능한 것 같아 이 시간이 감사했습니다.

전 진단 자체가
너무 싫은데요?

디브리핑 워크숍을 진행하면서 만난 분들 가운데 성향진단을 꺼려하는 분들을 종종 만나게 됩니다. 이름도 모르는 테스트에 반감이 들었다는 분들부터 본인에 대해 파악 당하는 것을 불편해하거나 다른 사람들이 나라는 사람에 대한 단편적인 내용으로 정의하려는 것이 싫다는 분들까지 이유는 다양합니다. 특히, 성향진단을 떠올리면 예상되는 문항들의 유치함과 문항의 답을 고른 결과가 자신의 실제 모습인지, 그렇게 되고자 하는 모습인지 모르는 그 모호함이 싫고 정말 나를 설명할 수 있기나 한지 그 정확성에 대한 의구심도 든다고 했습니다.

"대리님, A형이죠?"라는 질문이 제일 싫다는 분도 있었습니다. 어떤 결과로 자신의 이미지가 고정되어 버리는 것 같아 그냥 싫다고 했습니다. 이처럼 유형을 나누는 것에 대한 불편함도 있었는데, 소개팅이나 모임에서의 처음 만났을 때 자기소개를 하며 요즘 유행하는 MBTI의 유형에 대한 질문을 받고는 "아~ 그 성향은 나랑 안 맞아." 라고 말하고는 관계를 시작할 수 있는 기회를 박탈당하거나 자신이 이미 만나보지도 않은 채 하나의 이미지화가 되어 범주화, 꼬리표, 낙인이 생겨버리는 것이 싫다고도 했습니다. 또한, 어떠한 성향으로 자신을 설명하는 것이 사람을 알아가는 데 있어 서로 쌓아가야 할 중요한 경험이나 시간을 단축시켜버리는 듯한 느낌이 든다는 의견도 있었습니다.

특히나 조직이나 팀에서 관리자나 대표와 함께 자신의 결과를 듣는 팀 워크숍을 한다고 할 때의 반발에 대해서도 잘 알고 있습니다. 기업의 워크숍을 위해서 디브리핑을 하려고 할 때 들었던 말입니다.

"대표님도 함께 들으신다고요?, 그건 너무 싫은데요. 이런 태평성대에 긁어 부스럼을 만들고 싶지 않아요.", "직장에서 성향진단 결과로 서로 대화하는 건 시간 낭비 같아요.", "결과가 제대로 나오는지도 모르는데 혹시라도 개인적으로 사회생활에 독이 되는 결과가 나와서 꼬리표같이 따라다닐까 걱정스러워요."

싫어하는 이유에 대한 종합선물세트 같은 대답입니다. 특히나 자신의 결과가 좋지 않을 것에 대한 우려 때문에 '진단한다'라는 말 자체에 심리적 저항감을 보이기도 합니다. 이런 이야기가 나오는 회사는 대화를 하거나 개인적인 이야기를 할 때 심리적 안전감이 떨어지는 곳이 많았습니다. 얼마나 바뀌는데? 라고 이야기하면 오히려 좀 낫습니다만 바꿔서 뭐할 건데? 라고 묻는 포기의 상태까지 가지 않아야 합니다.

과거의 경험을 떠올려 보면 테스트 결과는 우리를 일렬종대로 세우고 꼬리표를 달았던 부정적인 기억들이 있습니다. 자신이 어떤 사람인지 다른 사람들도 아는 게 너무 싫다고 말하는 분들도 많으셨는데 혼란은 지식이 아닌 무지에서 비롯되는 것입니다.

변화를 두려워하지 않고 서로의 다름을 인정하고 이해하려고 하는 조직일수록 서로 나서서 이야기를 하고 싶어했고 토론의 시간에도 건강하게 자신의 취약점을 서슴지 않고 꺼내어 나누는 모습을 보았습니다. 《빌 캠벨, 실리콘밸리의 위대한 코치》라는 책에서 빌 캠벨은 신뢰란 상대방의 의견에 언제나 동의하는 것이 아니고 오히려 신뢰가 쌓이면 반대하기 더 쉽다고 했습니다.

그것은 대표의 마음도 마찬가지입니다. 요즘 우리가 자주 쓰고 있는 소위 페르소나라는 말도 그 어원이 고대 그리스의 광장에서 배우들이 쓰던 가면을 지칭하는 것입니다. 자신이 만들어 놓은 사회적인 가면을 벗는 이 과정이 마음 편하지 않은 것은 마찬가지입니다. 열린 마음으로 자신의 본 모습을 알아 가는 과정은 심리적인 안정감을 가질 수 있는 분위기를 만들어 주고 우리의 모습이 '이러해야만 한다'는 고정관념에서 벗어나게 만들어 줍니다.

반면에 성향 검사를 긍정적으로 보는 사람들은 나에 대해 파악하는 것이 재미있고 자기 PR시대에 자신을 명확하게 정의를 내려 주기 때문에 진단에 큰 거부감을 갖지 않습니다. 별다른 설명이 필요 없다는 장점 덕분에 지인이나 친구를 빠르게 이해하는 데 도움을 주기도 합니다. 요즘은 서비스조차 별점이나 점수로 정량화 시키는 게 강하기 때문에 어찌되었던 관계에서조차 명확하게 표현할 수 있는 대표값이 필요하다고 믿는 것인지도 모르겠습니다.

함께 일하던 팀장이 퇴사를 하고 새로운 팀장이 부서에 오게 되면 팀원들은 새로운 팀장님의 성향과 커뮤니케이션 스타일에 신경을 쓰느라 정신이 없습니다. 자신이 잘하는 방식이 윗사람이 좋아하는 방식에 묻혀버리거나 묵살당하면서 미묘하고 보잘것없는 오해가 눈덩이처럼 불어나게 됩니다. 자기 자신이 될 기회를 놓치게 됩니다. "열려라 참깨."라고 외쳤는데 어쩌다 열린 문처럼 우리는 들깨인지, 보리인지, 아니면 수수인지 모르고 갖가지 곡물을 부르다 지쳐버릴지도 모릅니다.

시간은 가버리고 팀원들이 팀의 목표를 따르는 데 있어 가장 잘하는 방식으로 일하는 기회를 인정받지 못할 때 관계에서 새로운 언어로 팀원들의 이해의 폭을 넓힐 수 있는 장치가 있다면 어떨까? 하는 생각이 들 수 있습니다. 이럴 때 '자기사용설명서'라고 불리는 버크만 진단이 도와줄 것입니다.

"저 부장님은 절대 웃지 않으신대. 깐깐하고 융통성도 없어서 개인적인 관계를 싫어하신다고 들었어."와 같이 전설따라 삼천리 같은 이야기나 이마저도 정보가 없이 눈치로만 관계를 버텨온 여러분들에게 버크만 진단은 새로운 안내를 전달할 것입니다.

내가 왜 이런 상황에 이런 행동을 했는지 정확한 정답을 알려주는 듯한 시간이었다. 나조차 말로 표현하기 힘들었던 부분을 집어서 이야기해주는 것 같았다.

MBTI, 혈액형 등을 믿지 않아서 이러한 검사자체를 싫어합니다. 그러나 막상 들어보니 내가 생각했던 것과 전혀 달랐고 유익한 시간이었습니다. 자기소개서에 사용할 수 있는 문구를 많이 얻어 가서 좋았습니다. 5년 후에 다시 검사를 받아보고 싶습니다.

5

버크만 진단으로
리더십 스타일을 안다고요?

요즈음 임원들의 가장 큰 화두는 바로 '소통'입니다. 그런데, 어느 조직에서 임원의 버크만 디브리핑을 하고 해당 부서의 직원들을 상대로 코칭해보았더니 그들의 주제 또한 '소통'이 1순위였다고 합니다.

그토록 많은 이들이 오랫동안 고민해 왔지만 해결되지 않는 숙원 사업인 '소통'은 왜 해결되지 못하고 결국 직원들의 고민으로까지 이어질까요? 어쩌면 우리는 관계를 좋게 만들고 소통하는 행동을 실천하느라 노력을 하는 것이 아니라 관계를 좋게 만드는 방법을 나열하고 배워서 강조하는데 시간을 모조리 허비하고 있는지도 모르겠습니다.

일상에서, 회사에서, 가족 구성원으로써 우리가 그토록 원하는 소통을 하기 위해서는 타인의 욕구를 아는 것이 중요합니다. 욕구는 사람에게 뿌리와도 같아서 평소 행동을 관찰했다고 해서 알 수 있는 것이 아닙니다. 이를 명심하는 것이 소통을 하고자 하는 가장 중요한 단서입니다. 리더십의 시작은 나와 다른 관점을 가지고 있는 팀원들이 존재하고 있고 그 관점은 '틀림'이 아니라 '다름'이라는 이해에서 시작됩니다. 어느 분께서는 요즘 사람들은 "소통을 하려고 노력하는 것이 아니라 소통을 하는 방법만 알려고 노력하는 것 같다." 라고 이야기하기도 했습니다.

어느 대기업의 부장님께서는 디브리핑이 끝난 뒤에 기업에서 몇몇 팀장들이 코칭을 배워서 많이 활용하고 있는데 면담을 하고 나면 기분이 나빠진다는 팀원들이 많다는 이야기를 했습니다. 코칭을 잘못 적용을 한 탓입니다. 그 부장님이 만난 팀장은 원하는 대답이나 행동양식을 이미 마음속에 정해 놓고 코칭을 가장한 티칭을 하면서 원하는 대답을 할 때까지 질문했다고 했습니다. "자네가 이렇게 말하지 않았나?"라고 하면서 오히려 공격이나 처벌의 근거로 사용하기도 한다고 합니다. 소위 '내 생각 세뇌하기'작전입니다.

우리가 어떤 기법을 배울 때는 조종의 의도를 가지고 하게 되면 곧바로 눈에 드러나는 효과가 있는 듯이 보이겠지만 결국 잠시 상승하다가 곧바로 수직하락하는 그래프를 만나게 될 것입니다. 기법을 배우는 것은 몰라서 못하는 단계에서 알고 실행하는 단계, 나아가서는 아는 것을 인식하지 못하는 단계까지 성장하기 위해 사용되어야 합니다. 기술은 상황하나하나에 다 적용할 수 없습니다. 시선의 변화만이 우리를 바꿉니다.

아무도 하기 싫어하는 팀장의 자리에 총대를 메고 앉아 있는 사람들도 있을 것입니다. 돌아가면서 순번대로 팀장을 맡을 수도 있고, 막중한 책임감을 가지고 팀을 이끌어 가는 팀장도 있을 것입니다. 실무자였을 때는 자신이 하는 방식이 옳았으나 리더가 되어서 일하는 지금에는 소위 '그때는 맞고 지금은 틀리다'를 실감하고 있을지도 모릅니다.

물론, 팀장들의 마음속에는 자신이 해왔던 일처리 방식이 옳고 프로세서의 효율성을 따져볼 때도 가장 현명한 방식이라고 굳게 믿고 있는 신념이 있을 것입니다. 우리는 보통 대화를 한다고 하지만 말하는 동안 나의 생각을 상대에게 주입시키는 과정을 반복하며 통제하고 지시하는 방식을 자신도 모르게 사용합니다. 그룹의 리더라면 자신의 성공에 대한 충분한 근거와 데이터가 있기 때문에 더더욱 그러할지도 모릅니다. 자신의 입장과 경험 속에서 이야기하고 상대방에 대한 충분한 이해가 부족함을 인지하지 못하는 경우가 많습니다.

《그 회사는 직원을 설레게 한다》(갈매나무, 2020)에서 저자 대니얼 M.케이블은 자크 판크세프의 실험을 소개했는데 그것은 바로 놀이하는 쥐들에게 고양이 털뭉치를 놓아 두고 반응을 조사한 것입니다.

고양이 털이 등장하기 전 나흘동안 쥐들은 5분 동안 평균 50회의

놀이 시작 행동을 보였지만 털을 넣어주자 놀이 시작 행동이 0회로 떨어졌다고 합니다. 반면 고양이 털이 없는 대조군의 경우 놀이 시작 행동은 50회를 그대로 유지했습니다. 고양이털을 치운 후 사흘이 지났을 때에야 쥐들은 서서히 놀이를 다시 시작했지만 이전과 같은 수준으로 돌아가지 못했습니다. 겨우 35회 나타난 것이 최고기록이었습니다. 자신이 말하고 있는 것이 도움이 되길 바라지만 정작 팀원들이 보기에는 고양이 털과 같은 존재로 보이고 있지는 않는지 생각해볼 대목입니다. 리더십의 덕목으로 가장 많이 대두되는 '심리적 안전감'또한 디브리핑 시간의 인사이트로 충분히 해결될 수 있습니다.

매건 댈러커미나와 미셸 매퀘이드의 공저《공감이 이끄는 조직》(다산북스, 2020)라는 책에서 조직의 리더들이 가장 흔히 저지르는 실수가 '사자의 갈기털'이라고 말합니다. 마치 수컷 사자가 가장 좋은 자리에 드러누운 채 갈기털을 휘날리며 존재감을 확인하듯이, 현존하는 조직의 모든 리더가 '완벽주의'라는 갑옷을 두른 채 자신의 강인함과 위력으로 조직원을 압도하려 든다고 표현했습니다.

리더십을 설명할 때 쉽게 떠올릴 수 있는 공식과 같은 이미지가 있습니다. 칼같이 날카롭고 바위와 같이 단단한 마음으로 즉각적으로 문제에 뛰어들어 강력한 카리스마를 통해 사람들을 이끄는 모습과 같은 모습 말입니다.

미국의 조사이긴 합니다만, 미국의 유명 심리학자이자 베스트셀러 저자인 미셸 매퀘이드의 설문조사 결과에서 "월급만 올려주면 자신이 마음에 들지 않는 못된 상사라도 참고 견딜 수 있다."라고 말한 비율이 35%밖에 되지 않고 65%는 "월급이 안 올라도 좋으니 상사해고를 원한다."라고 말했습니다.

팀장이 잘리면 회사를 다니는 만족도가 올라간다는 말인데 우리의 관계에서 고양이털과 같은 존재가 바로 그것입니다. 슈퍼맨에 나오는 크립토나이트나 에너지 뱀파이어, 혹은 앞서 설명한 고양이털과 같은 존재인지를 자각하지 못하고 일방적인 소통만을 강조하고 있는 것은 아닌지 생각해 볼 필요가 있습니다.

무인도에서 살지 않는 이상, 우리는 관계를 맺으면서 실수 밖에 없고 원하는 '상사해고'뿐만 아니라 꼴도 보기 싫은 사람을 어떻게 이해하며 지내야 할지 공동의 해답을 찾아야 합니다.

리더십을 설명하는 데 있어서 가장 멋진 사례는 버크만인터내셔널의 샤론버크만 핑크 대표가 승마를 처음 배우러 간 곳에서 말을 치료해주는 호스 위스퍼러horse whisperer가 말을 부르는 장면을 관찰하면서 들었던 이야기입니다.

말은 평화로운 채식주의자이며 무엇보다 안전을 위해 떼를 지어 이동하는 것을 선호하는 사회적 동물입니다. 얼핏 생각하기에는 수컷이 무리를 이끌 것 같지만 수컷은 무리를 지키며 방어를 하는 역할을 하기 때문에 가장자리를 달리면서 무리를 보호합니다. 리더는 바로 암컷인데 암컷의 역할은 바로 안전하게 풀을 뜯을 수 있는 장소까지 전체의 무리를 안내하는 일이라고 합니다.

따라서 말의 본성은 리더인 암컷이 방향을 제시하는 대로 따라가는 '팔로워'입니다. 그렇기 때문에 말을 잘 이끌려고 한다면 말에게 필요한 것을 알고 육체적인 신호와 감정적인 에너지를 제대로 주어야 합니다. 그러면 말들은 기꺼이 따라가게 된다고 합니다.

"여러분이 말에게서 무엇을 필요로 하는지가 중요한 것이 아니라 말이 여러분들로부터 무엇을 필요로 하는지를 아는 것이 가장 중요합니다." 이 말은 리더가 필요한 것을 찾는 것이 아니라 팀원이 무엇을 필요로 하는지 정확히 아는 것이 가장 중요하다는 뜻이 됩니다.

결국 리더는 우리의 팀원이 좀 더 나은 성과를 낼 수 있도록 도울 수 있어야 합니다. 말을 잘 끄는 방식의 핵심은 '내'가 아니듯 성과를 내는 방식 또한, 리더의 방식이 아니라 팀원의 방식이 되어야 합니다. 팀원들의 방식을 찾아서 함께 이야기 나누고 자신의 리더십을 점검하는 버크만 디브리핑은 분명 리더십에 대한 깨달음이 생길 것입니다.

다른 사람의 욕구를 이해하는 것도 무척 중요하다는 것을 알게 되어 기쁩니다. 팀장으로써 앞으로 하게 될 업무를 선택하고 집중하는 데에 훌륭한 기준으로 활용할 수 있을 거라 확신합니다.

막연하게 알고 있던 부분들을 자세하고 확실한 언어로 확인할 수 있어서 팀원들과의 관계에 앞으로 많은 도움이 될 것 같다. 우리 팀에서 나의 강점이 무엇이고 앞으로 어떤 부분을 더 채워야 할지 생각해보는 시간이었다.

조직문화를
점검할 수 있나요?

　IT업체의 부서장님께 직원들의 버크만 디브리핑을 하면 어떻겠냐고 제안 드렸던 적이 있습니다. 곧바로 "그거하면 조직이 바뀌어요?", "우리 팀은 서로 이야기 잘 안하는데. 그냥 우리 팀 문화가 좀 그래요."라는 말이 나오면서 결국은 자연스럽게 조직문화쪽으로 이야기가 흘러갔습니다.

　과거에는 윗사람으로부터 업무지시를 받으면 내용이 어떻든지 간에 "그럴 수 있지." 라고 하며 이해하고 넘어간 부분이 있었는데 요즘은 "왜 해야 하는데요?"에 대한 대답을 정확하게 설명해주지 않으면 안된다고 합니다. '회사가 왜 수평적이어야 하는가?'라는 질문을 하던 때가 있었는데 이제는 하나의 트랜드와도 같아져서 너무나 당연한 것이 되어버렸다는 것입니다. 때로는 "나도 몰라. 그냥 위에서 하래."라고 하고 싶을 때도 있을 정도로 난감할 때가 있다고 했습니다.

조직문화에 대한 설명을 할 때 빠지지 않는 애드거 샤인의 이론을 빌어 말하자면 조직문화는 크게 세 가지로 구성됩니다. 이는 인공물과 표방하는 가치, 그리고 기본적 가설입니다. 주로 구성원들이 쉽게 관찰할 수 있고 경험할 수 있는 유형의 자원들만 나열하는데 눈에 보이지 않는 '기본적 가설'을 제대로 이해해야만 그 기반 위에 표방하는 가치와 인공물을 올릴 수 있습니다.

과거에 제가 근무했던 회사에서는 매달 수요일 오후 5시에 퇴근을 해서 가족과 함께 시간을 보낼 수 있도록 하는 패밀리 데이가 있었습니다. 회사에서 많이 실시하고 있는 취미 생활을 함께 하기 위한 동호회나 영화회식 혹은 휴게실에 설치되어 있는 안마기계 등이 가깝게 경험할 수 있는 인공물들이라 할 수 있겠습니다.

호칭에 대한 인공물들도 있습니다. 직급을 없애고 'ㅇㅇ님'이라고 호칭을 통일해 부른다던지 스타트업 회사에서 영어이름을 정해서 부르는 등의 인공물들은 지금도 쉽게 볼 수 있는 장면들입니다.

인공물과는 다르게 문화의 가장 아래쪽에 위치하고 있는 기본적 가설은 리더 및 구성원들의 무의식에 뿌리 깊게 자리 잡은 믿음, 인식, 감정의 총화를 말합니다. 겉으로 드러나지 않아 관찰이나 변화가 어렵지만 조직문화 변혁을 위해서는 반드시 바뀌어야 하는 부분이

라고 설명하고 있습니다.[*]

그런데, 이 '기본적 가설'에 대한 설명 가운데 겉으로 드러나지 않아서 관찰이 어렵다는 말을 어디서 많이 들어보지 않으셨나요? 바로 버크만 진단의 욕구를 그대로 설명한 부분과 거의 흡사합니다. 시스템을 만들어서 일처리를 하고 업무를 관리할 수 있지만 사람의 감정이나 생각은 시스템화 되거나 관리의 대상이 아닙니다.

어떤 조그만 조직의 리더는 수평적인 조직을 지향하며 자신을 비롯해서 직원들의 호칭을 모두 없애고 영어로 닉네임을 정해서 부르기로 했습니다. 그런데, 어느날 직원이 생각하기에 실무자가 이행하기에는 불합리한 업무지시라고 생각하는 부분에 대해 반대의견을 냈다가 "지금 제가 하는 말이 제안처럼 들려요? 난 지금 Yes, No를 듣고 싶은 게 아닌데?"라는 말에 적잖이 당황했던 적이 있었다고 말했습니다.

이 조직에서도 버크만 진단을 실시했는데 다른 팀원들은 모두 진행을 했지만 리더는 참석하지 않았습니다. 의견을 내고 당황했던 직원은 리더의 신념이나 욕구 등을 확인할 수 있었으면 좋았을 것이라는 아쉬움을 드러내기도 했습니다. 이러한 사례는 개인이 가지고 있

---

* 김성남, <'최고 직장' 구글이 부럽다고? CEO의 의사 결정이 곧 조직문화이다>, 《DBR》 165호, 2014.11.

는 기본적 가설, 즉 다시 말하면 무의식에 뿌리 깊게 박혀 있어서 자신도 인식하지 못하는 필터와 인공물 사이의 이격을 보여줍니다.

인공물은 때로는 구성원들에게는 큰 힘이 되기도 하고 충분한 의미가 될 수도 있습니다. 제공되는 인공물들이 소용없다는 취지로 한 말이 아니라 토대를 제대로 다듬지 않듯 기초공사가 없이 그냥 인공물만을 쌓아올린 사상누각이 위험하다는 뜻입니다. 적어도 리더를 포함한 조직원들이 어떠한 암묵적인 신념을 가지고 있는지 스스로도 모르고 있는 관계에 대한 인식필터를 점검하고 이해하는 것은 문화의 기초를 다지는 아주 중요한 일입니다.

요즈음 사람들이 가지고 있는 보이지 않는 믿음에는 '우리는 수평적 조직이어야 한다'라는 내용이 많다고 합니다. 상명하복을 따라야 하는 전통적인 위계질서가 필요한 조직에서도 수평적 조직을 필요로 하며 일방적인 수직적 탑다운 방식을 변화시키자는 의견이 많습니다.

요즘 세대는 수평적인 것을 원한다고 하는데 과연 이것은 세대 간의 이슈일까요? 샤론 버크만 박사는 외향적인 면에서 아주 다양하게 변화하는 것처럼 보이지만 세대를 걸쳐 인간 존재로서의 핵심으로까지 내려가보면 세대를 떠나 인식, 동기부여, 감정의 측면에 있어서 놀라울 만큼 서로 유사한 모습을 나타낸다고 했습니다.

버크만 디브리핑을 해보면 소위 MZ세대라고 불리는 구성원들 가운데도 대화에서는 민주적인 방식으로 이야기하는 것을 선호하지만 업무지시에서는 놀라울 만큼 수직적인 조직에서 탑다운 방식으로 업무지시를 받는 것을 선호하기도 합니다. 기성세대의 리더도 일상 대화에서는 서운할 정도로 사실을 기반으로 말하지만 수평적인 관계를 선호하며 권한위임을 통한 업무 분배를 하는 사람도 있습니다. 이 복잡한 관계에서 우리가 이해해야 하는 시작은 다름 아닌 '다름을 인정하는 것'에서부터입니다.

그런데 우리가 오해하고 있는 한가지의 사실이 있습니다. 지금껏 보아왔듯이 사람들은 모두 특정한 색깔을 가지고 있는 평면적인 구조를 가지고 있지 않습니다. 겉으로 보이는 것은 초록색이지만 마음속에 파랑을 품고 있고 좋아하고 행복해 하는 노랑을 꿈꾸고 있습니다.

조직 또한 사람과 마찬가지입니다. 우리가 바라는 수평적 조직 또한 평면적 조직이 아닙니다. 수평적일것이냐, 수직적일 것이냐에 집중할 것이 아니라 먼저 조직 또한 평면적인 조직이 아니라 입체적이라는 것을 알아야 합니다. 특히 우리가 일하고 있는 조직에서는 성과라는 부분도 무시할 수 없는 부분이기 때문에 수직적인 요소를 없앨 수는 없지만 구분될 필요는 있습니다. 모든 것이 수평이 되어야한다는 생각이 아니라 입체적인 시각을 가지고 바라보아야 할 것입니다. 물론 어려운 이야기입니다.

그렇다면 이런 관점은 어떨까요? 애드거 샤인과 피터샤인은 저서를 통해 겸손한 질문의 태도를 보인다고 해서 질문자의 성격 자체가 반드시 겸손해야 하는 것은 아니라고 말합니다. 겸손한 질문의 자세를 '지금 여기에서의 겸손'이라고 말했고 이는 정보를 공유하고 임무를 완수하기 위해서는 서로 의존해야 한다는 사실을 받아들이는 자세라고도 했습니다.[*]

'지금 여기에서의 겸손'을 조금 응용해서 '지금 이 프로젝트에서의 수직'이라든지 '지금 이 대화에서의 수평'이라는 이름을 붙여서 사용해보면 어떨까 생각합니다.

수평적인 조직, 일할 맛 나는 조직은 특별한 인센티브를 걸고 이름을 바꿔서 부르거나(인공물) 멋진 슬로건이나 비전, 미션(표방하는 가치)이 다가 아닙니다. 결국은 구성원들이 경험하는 일상의 관계를 통해서 차곡차곡 쌓인 신뢰가 바탕이 되어 이뤄집니다.

앞서 이야기한 IT업체 부서장님께서 걱정하신 '우리 직원들은 이야기를 잘 하지 않는다'라는 염려와는 다르게 버크만 디브리핑을 하는 동안 직원들이 토론도 너무 열심히 잘하고 적극적으로 강의에 참여해서 놀랐다고 합니다.

[*]   에드거 H. 샤인, 피터 샤인, 《리더의 질문법》, ㈜도서출판 푸른숲, 2022.

특히나 팀에서 생활하고 있는 당사자들이 아닌 디브리퍼의 입을 통해 팀원들의 이야기를 대변해 전달을 해주는 과정은 신뢰도가 높을 뿐만 아니라 감사와 칭찬, 또는 불편했던 마음과 껄끄러움 등을 어색함 없이 대신 전달해 서로의 오해를 해결할 수 있는 통로가 되어 줍니다. 버크만 진단 결과를 통해 타인과의 복잡한 상호작용에서 도움을 주고받을 수 있는 열쇠를 찾아서 긍정적인 관계를 유지할 수 있도록 해줍니다.

달라이라마도 "말할 때는 배우지 못한다. 당신이 말할 때는 아는 것만 반복한다. 하지만 듣게 되면 새로운 것을 배우게 된다."라고 하듯이 강의를 통해 자신을 이해하고 팀원들과의 토론을 통해 소통에 대한 인사이트를 자연스럽게 얻을 수 있습니다. 우리는 어린 시절부터 '말하기'를 배우기 시작하지만 매일매일 '의사소통'하는 방법을 지속적으로 배워나가야 합니다.

우리가 '나의 것'이라고 부르는 업적들은 거의 예외 없이 팀 구성원들의 도움이 없이는 불가능하며 이것은 과거나 현재나 마찬가지입니다. 우리의 팀은 아주 잘 짜인 하나의 거대한 카펫과도 같습니다. 관계라는 것은 나의 우주와 상대의 우주가 서로 밀접하게 톱니바퀴처럼 돌아가고 있는 것이고 이 톱니바퀴는 잘 맞물려 돌아가는 과정 속에서 양쪽이 마모되면서 서로에게 영향을 주고 영향을 받고 있습니다.

자신이 있는 자리에서는 그 색깔의 아름다움과 문양을 확인하기 어렵지만 아주 먼 곳으로 날아가서 이곳을 바라본다면 나의 아름다움이 상대의 그것과 유기적으로 연결되어 우리라는 팀을 만들어 내고 있음을 알게 될 것입니다. 이런 팀이 모여 조직이 만들어 내는 조직문화를 점검하고 새롭게 만드는데 버크만 진단은 이제껏 보지 못한 인사이트를 제공함으로써 큰 도움이 될 것입니다.

두루뭉실하게 알고는 있었지만 텍스트로 정리되어 보니까 느낌이 또 다르다. 특히 스트레스 부분은 최근에 비슷한 일/극복이 있었기 때문에 더욱 흥미로웠던 부분. 하고 있는 일이랑 결과도 비슷하게 나온 것 같음.

나 자신 뿐만 아니라 상대가 보는 나의 모습을 알아보는 시간도 신선했고 상대방에 대해서도 알아볼 수 있는 시간이었던 것 같아요. 버크만을 통해 앞으로 제 직무선택을 고려하기 좋은 것 같고 조직활동에도 도움이 많이 될 것 같아 매우 좋았습니다.

커리어 그룹코칭도
가능한가요?

자기소개서에는 자기소개가 없다는 자조적인 농담이 있는 것처럼 자기소개서를 쓰는 가장 큰 어려움은 자신을 제대로 알지 못한다는 데 있습니다. 소개를 할 수 있는 능력의 문제가 아니라 나를 진짜로 모르기 때문에 더 어렵다는 것입니다. '자신 있게' 자신을 소개하기 위해서는 다른 사람의 이야기나 평가가 아닌, 진짜 자신에 대한 정확한 정보가 담겨 있는 프로파일이 필요합니다.

인간은 자기 자신으로부터 가장 먼 존재라고 니체가 말했듯이 우리들은 자신의 모습에 대해 정확히 알고 있지 못합니다. 제가 묻고 싶은 단 하나의 질문은 바로 '당신은 어떤 사람인가?'하는 것입니다.

질문을 통한 코칭에서 이야기하는 '패러다임의 전환'이란 사물을 보는 각도나 상황을 인식하는 방법, 문제를 해결하는 방법에 대한 자발적인 내적 변화가 있어야 가능한 일입니다. 스피노자가 말하듯 나쁜 생각은 큰 안전에서 작은 안전으로 옮겨가는 과정이고 문제를 일으키는 의식으로는 그 문제를 해결할 수 없기 때문에 자신을 바라보는 새로운 시선이 필요합니다.

코칭은 무한한 잠재력을 가진 개인이 각자의 삶속에서 일어나는 이슈를 스스로 해결할 수 있도록 돕는 대화의 과정입니다. 설득, 명령, 조정, 지시와 같은 방식을 통해 문제에 접근하는 것이 아니라 상호간의 주체성과 관계성을 잃지 않으면서 경청과 질문, 피드백을 통해 관점을 전환하는 데 도움을 줍니다.

제 경험으로는 버크만 디브리핑으로 워크숍을 진행해 마치는 것보다 코칭 프로그램을 함께 진행했을 때의 효과가 훨씬 좋았습니다. 기술적으로 접근해서 상대를 바꾸고자 시도하는 것이 아니라 진정으로 코칭의 마인드처럼 모든 사람들에게는 무한한 가능성이 있다고 믿어야 도구로써의 진정한 힘이 생기게 됩니다.

모든 사람의 해답은 내부에 있으나 때로는 해답이 잠재되어 있기 때문에 그 해답을 깨우는 작업이 필요하고 그 파트너로써 코치가 필요할 뿐입니다. 그래서 타 상담과는 달리 해답을 알려주는 것이 아니라 스스로 해답을 찾아 가기 때문에 실천으로 옮기는 확률 또한 상당히 높고 수동적인 강의 참석자가 아닌, 참여 시간동안 오롯이 자신이 주인공이 되어 이야기하고 또 코치와 팀원들이 들어주는 경험이 새롭게 다가옵니다. 코칭이라는 것도, 버크만 진단도 결국은 기법이나 도구가 중요한 것이 아니라 그 마인드셋이 더 중요하듯 어떤 도구를 어떤 기법으로 사용할지보다는 사람들의 마음을 터치하는 것이 가장 중요합니다.

필드에서 느끼는 그룹 코칭의 장점은 혼자서 고군분투하는 게 아니라서 안심이 되고 스스로는 별게 아니라고 생각했던 행동들에 대해 다른 팀원들이 응원해주는 긍정적인 반응들을 보며 힘을 얻고 진심 어린 격려를 통해 에너지를 얻는다는 점입니다. 성장을 위해서는 환경을 변화시키는 것이 중요한데 그룹 코칭은 혼자 고민을 하는 과정에서는 절대 떠올릴 수 없는 새로운 방법들을 조원들과 함께 이야기 나누며 자연스럽게 시각이 넓어지는 것을 느낄 수 있습니다.

코칭은 목표가 있는 대화이기 때문에 현재의 단계에서 목표와 현실의 갭을 확인하고 줄이는 작업을 해 나갑니다. 자신의 고민을 이야기하는 과정에서 실행계획에 대한 전혀 예상치 못한 다양한 팀원들의 솔루션을 들을 수 있고 이로 인해 자신의 시야가 넓어지는 순간을 느끼게 됩니다. 자신이 세운 실천 계획에 대해 팀원들의 생각들을 듣고 공유하게 되어 스스로에 대한 강제성이 부여되어 평소 혼자 진행하는 것보다 실천력이 높아지고 소속감을 느낄 수 있어 계획을 공유하는 인적 네트워크 장이 된 것 같은 온라인 상의 커뮤니티가 만들어지는 점이 든든하게 느껴진다고도 말했습니다.

사람들이 모두 나와 비슷한 고민을 하겠지 하고 막연하게 생각하고 있었는데 의외로 각자의 고민이 다양함을 인식하기도 하고 같은 고민 속에서도 해결책들이 많은 것을 느끼며 코칭 속에서 다름의 이해도가 높아지기도 합니다. 그리고, 가장 중요한 것은 팀원들 스스로도 코치가 되어 적절한 질문들을 던진다는 것입니다. 때로는 이 질문이 전문코치 못지않게 너무나도 효과적으로 다가옴을 알게 됩니다. 그래서 앞으로 자신의 고민에 대한 해결을 하고자 할 때 이러한 방법을 체득해 자기주도적인 삶을 살아나는데 큰 도움이 될 수 있습니다.

　미라클 코칭에서 "만약 당신 무릎에 갑자기 돈 수백만 달러가 떨어지고, 모든 청구된 돈과 세금을 내고, 당신이 원하는 모든 것을 샀다면, 이제 그 다음에 당신은 자기 인생을 가지고 무엇을 하겠습니까?"라고 물어봅니다. 그리고, "변명의 껍데기 밑에 숨어 있는 진정 원하는 것이 무엇인지 아는 데서부터 시작하십시오."라고 말합니다.[*] 여러분은 자신을 데리고 지금부터 당장 무엇을 하시겠습니까?

* 　조 비테일, 《미라클! 코칭》, 우현북스, 2020.

진로나 직업선택에 있어 막연한 걱정만 있고 어떻게 할지 몰랐는데 어느 정도 길을 잡는 데에 도움이 된 것 같다. 또한 자소서의 중요성만 알지 어떻게 작성해야 하는지 몰랐는데 오늘의 강연이 도움이 될 것 같다.

불안감을 해소하는데 하루를 기록하고 체크해보면 좋다는 조언에 따라 계획을 세우고 실천해가면서 스스로를 토닥이고 칭찬해 보려 합니다. 막연히 불안해하는데 에너지를 소비하지 않고 앞으로 나아가고 있다는 과정을 체크하며 즐겁게, 그리고 열정적으로 살아가기로 했습니다.

다른 친구들의 고민을 들을 수 있어서 굉장히 유익했어요. 앞으로 또 자기 얘기를 공유하고 꼭 정답이 아니더라도 각자 자기 경험과 시선에서 느낀 점과 해결책을 말해주면 거기서 아이디어를 얻을 수도 있고 심리적으로 힘이 될거라고 생각했어요.

8

버크만 진단 결과로
뭐가 바뀌나요?

진단은 자신을 아는데 있어 훌륭한 길잡이가 되어주고 타인을 이해하고 성장하기 위한 시작점이 될 수 있다는 것에는 틀림이 없지만 이 결과값이 한 개인의 모든 것을 말해주지는 못합니다. 카메라로 사진을 찍을 때 렌즈에 이물질이 끼어 있는 상태로는 올바른 사진을 찍을 수 없듯 우리가 보고 있는 이미지의 문제가 아니라 렌즈의 문제임을 자각하고 렌즈를 닦는 노력을 지속적으로 해야 합니다.

더군다나 관계는 양치질과 같다고 생각합니다. 며칠 관리를 하지 않는다고 하루아침에 갑자기 이빨이 썩거나 잇몸이 무너져 내리지 않습니다. 참는 것이 미덕이라는 마음으로 힘겹게 외줄타기를 하듯 지내다가 어느 날 폭발하게 되면서 모든 것이 파괴될 수 있습니다. 어제 괜찮았고 오늘 괜찮다고 해서 내일도 계속 괜찮을 것인지는 모를 일입니다. 서서히 썩어 들어가다가 어떠한 징후가 나타났을 때는 이미 원래의 기능을 사용하기 어려운 상황에 이르게 됩니다.

1대 29대 300의 하인리히 법칙과 같이 이빨을 뽑아야 하는 상황이 되기 전까지 우리에게 수많은 징후가 있었지만 우리는 바쁘다는 핑계로, 그냥 괜찮아지겠지 하는 안일함으로, 그전에도 계속 그랬는데 뭘 새삼스럽게 하는 자만심으로 관계를 돌보는 데는 별다른 노력을 하지 않습니다. 평탄한 삶을 살아가고 있을 때는 모든 신호가 정상적으로 보이고 조금씩 생기는 갈등이나 불편함, 부정적인 신호도 괜찮게 보입니다.

그래서 버크만 진단이 필요합니다. 진단을 통해 자신을 비춰봄으로써 내가 타인과 다르고 타인이 나와 다름이 틀리다는 것이 아니라는 것을 깨닫고 서로의 독특함을 '인정'하는 기회를 얻어 서로 맞춰가기 위한 진정한 노력이 시작될 수 있습니다. 관계가 어려워지는 상태를 두려워하는 것이 아니라 어려워짐에도 불구하고 다시 회복하는 탄력성을 가지는 하나의 길잡이가 되어 줄 것입니다.

또한 검사 결과를 보며 각자의 내용을 토대로 진솔하게 이야기를 나누는 과정을 통해 점점 더 서로를 이해하게 됩니다. 다른 사람의 시선, 다른 사람의 언어, 다른 사람의 평가가 아니라 이 공간에서 나와 우리의 모습을 알아가고 묻고 답하는 소중한 시간을 스스로 만들어 냅니다. 자신이 자각속에서 자신을 알지 못하고 타인의 언어와 생각으로 가득 채워져 있을 때 내 자신이 되지 못하고 성장하지 못합니다. 타인으로부터 받은 메시지는 내면의 검열관이 되어 자신에게 계속 비난과 평가를 지속적으로 하게 됩니다.

버크만 박사는 "타인의 행동만으로 사람을 평가하는 것은 상대방을 이해하려는 노력이 전혀 없는 것이다."라고 했습니다. 우리의 인식은 모든 행동에 영향을 주고 있고 이를 올바르게 파악할 수 있을 때 많은 것들이 제대로 이해되는 경험을 할 수 있습니다.

'검사'라는 단어에 평가와 같은 부정적인 의미를 둘 것이 아니라 내 자신을 돌아볼 수 있는 지침서를 선물로 받는다는 생각으로 접근하면 어떨까요? 우리가 성향 진단의 결과를 들으면서 가져야 하는 마음가짐은 나의 성향에 대한 올바른 인식 구조를 가진 타인을 바라보는 시선의 변화를 시작하며 관계를 재해석하고자 하는 마음입니다.

모든 진단의 결과가 마찬가지이듯 버크만 진단 또한, '나와 너는 서로 다르다'라는 말을 '너는 틀렸다'라는 말로 서로를 배척하듯 밀어내고 이질감을 느끼게 되는 좋은 핑계거리를 갖고자 함이 아닙니다. 나의 성향이 옳음을 증명하기 위한 사실을 수집하기 위한 근거를 만들기 위함도 아닙니다. 평소에는 신경을 쓰지도 않았던 어떤 모습이 상대와의 시너지를 낼 수도 있고 사람과의 관계를 발전시킬 수 있는 미세조정을 위한 좋은 팁으로 사용할 수도 있습니다.

얼마 전 저녁에 식사를 하면서 딸에게 무엇인가 부탁을 했더니

"난 그런 성향이 아니야. 그렇게 하는 건 어렵겠어."라는 대답을 들으며 문득 한 가지 생각이 떠올랐습니다. 어떠한 성향이라고 말하는 것이 자신의 행동을 색깔로써 정당화하거나 업무를 타인에게 떠넘기기식의 회피를 하고자 하는 것이 아닙니다. 스스로를 하나의 한계에 가두면서 확증편향하고자 함도 아닙니다. 버크만 진단이라는 '나 사용설명서'는 하나의 꼬리표로 확증편향하려는 것이 아니라 서로의 방식에 대한 다름을 인정하게 하고 그 속에서 최선의 결과를 낼 수 있도록 동기부여를 해줄 것입니다.

진단의 결과는 따뜻하고 이해심을 발휘하며 우리를 위해서 쓰여야 합니다. 이 결과가 우리를 공격하는 도구가 되어서는 안 됩니다. 너무 많은 정확한 내용을 전달해주는 도구이기 때문에 이 결과가 잘못된 의도를 가지고 쓰인다면 충분히 가능한 시나리오라고 생각됩니다. 기술적으로 사용해야 하는 프로세서가 아니라, 정말 그렇게 바라보고 있는 긍정적인 에너지로 결과를 받아들여야 가능합니다.

마셜 골드 스미스가 한 "지금까지 성공으로 이끈 요인이 앞으로도 성공을 유지해 주는 것은 아니다."라는 말처럼 지금까지 자신의 방식으로 성공의 경험치가 쌓였더라도 앞으로 이슈를 해결해 나가는 방식을 바라보는 시선에는 변화가 필요합니다.

버크만이라는 도구에서 시작해 비폭력대화와 코칭, 퍼실리테이션과 소시오크라시까지 확대되어 가는 과정을 겪으면서 한 가지 깨달은 것은 '나'라는 물음표가 해결되지 않으면 '우리'로 나아가지 못한다는 것입니다.

나에 대한 물음표가 느낌표로 바뀌는 경험을 시작할 수 있도록 진짜 '나'와 '우리'를 만날 준비가 되셨나요?

무조건 타인에게 맞추고 나를 낮춰야만 한다고 생각했는데, 오늘 검사 결과를 보며 나 또한 존중받을 자격이 있고 나 자신이 소중한 사람이란 걸 알았습니다.

버크만처럼 디테일하고 다각도로 해보는 건 처음인 것 같습니다. 무엇보다 이 테스트는 역량진단이 아니라 성향진단일 뿐 좋고 나쁨은 없다는 말에 울림이 컸습니다.

강의 후 회식 때 팀원들끼리 모여서 허심탄회하게 서로 이야기 나누는 시간이 되어서 참 좋았어요.

The reality of life is that your perception – right or wrong – influence everything else you do. When you get a proper perspective of your perceptions, you may be surprised how many other things fall into place.

– Roger Birkman

삶에 있어서의 현실은 당신의 인식이 옳든, 그르든 당신이 하는 모든 것에 영향을 준다. 자신의 관점에 대한 적합한 인식을 갖게 되면, 얼마나 복잡하고 이해하기 힘든 다른 것들이 제자리를 찾아가는지 알게 될 것이고 그 결과는 놀라울 정도이다.

– 로저 버크만

너무도 사적인 우리를 잇는 버크만 안내서

초판인쇄 2023년 8월 11일
초판발행 2023년 8월 11일

지은이 김태형
발행인 채종준

출판총괄 박능원
책임편집 유나
디자인 김정연
마케팅 문선영·전예리
전자책 정담자리
국제업무 채보라

브랜드 크루
주소 경기도 파주시 회동길 230 (문발동)
문의 ksibook13@kstudy.com

발행처 한국학술정보(주)
출판신고 2003년 9월 25일 제406-2003-000012호.
인쇄 북토리

ISBN 979-11-6983-524-4 (13330)

크루는 한국학술정보(주)의 자기계발, 취미 등 실용도서 출판 브랜드입니다.
크고 넓은 세상의 이로운 정보를 모아 독자와 나눈다는 의미를 담았습니다.
오늘보다 내일 한 발짝 더 나아갈 수 있도록, 삶의 원동력이 되는 책을 만들고자 합니다.